교과서가 쉬워지는

초등필수백과

기초 지식 Q&A 365

교과서가 쉬워지는
초등필수백과 기초 지식 Q&A 365

초판 1쇄 인쇄 2026년 1월 12일
초판 1쇄 발행 2026년 1월 19일

기획 Om Books Editorial Team
펴낸이 고정호
펴낸곳 베이직북스
주소 서울시 금천구 가산디지털1로 16, SK V1 AP타워 1221호
전화 02) 2678-0455
팩스 02) 2678-0454
이메일 basicbooks1@hanmail.net
홈페이지 www.basicbooks.co.kr
블로그 blog.naver.com/basicbooks_
인스타그램 www.instargram.com/basicbooks_kidsfriends
출판등록 제2021-000087호
ISBN 979-11-6340-095-0 73030

* 키즈프렌즈는 베이직북스의 유아동 전문 임프린트입니다.
* 가격은 뒤표지에 있습니다.
* 잘못된 책이나 파본은 구입처에서 교환하여 드립니다.

365 Questions and Answers

Originally Published in English by Om Books International
107, Darya Ganj, New Delhi 110002, India, Tel: +911140007000,
Email: sales@ombooks.com
Website: www.ombooksinternational.com

교과서가 쉬워지는

초등 필수 백과

기초 지식 Q&A 365

기획 Om Books Editorial Team

키즈프렌즈

차례

1. 공기 속에는 뭐가 들어 있을까?

지구에 있는 모든 생명은 공기 덕분에 살아갈 수 있어요. 공기는 지구를 포근한 담요처럼 감싸고 있어서, 우리가 숨을 쉴 수 있는 환경을 만들어 줘요. 공기는 여러 가지 가스로 이루어져 있어요. 우리가 숨 쉬는 데 꼭 필요한 산소, 식물이 자라는 데 중요한 이산화탄소, 그리고 가장 많이 들어 있는 질소가 있어요. 또 아주 적은 양이지만 염소, 황, 플루오린 같은 물질도 포함되어 있고, 수증기도 섞여 있어요. 이렇게 다양한 가스들이 섞여 있는 공기 덕분에 우리는 숨을 쉬고, 동물과 식물도 건강하게 살아갈 수 있어요!

tip! 교과 연계 어휘

- **산소** 공기 중에 있는 기체로, 사람과 동물이 숨을 쉬고 살아가는 데 꼭 필요한 물질
- **질소** 공기 중에 가장 많이 들어 있는, 색깔과 냄새가 없는 기체
- **수증기** 열을 받아 기체가 되어 공기 중에 떠 있는 물

2. 공기는 정말 안 보이는 걸까?

우리는 공기를 눈으로 볼 수 없어요. 왜냐하면 공기는 대부분 색이 없는 가스로 이루어져 있기 때문이에요. 예를 들어, 공기의 78%를 차지하는 질소는 눈에 보이지 않는 가스예요. 하지만 공기가 보이지 않는다고 해서 없는 것은 아니에요! 바람이 불 때 나뭇잎이 흔들리거나, 깃발이 펄럭이는 모습을 보면 공기가 움직이고 있다는 걸 알 수 있어요. 또, 풍선을 불면 공기가 풍선 속에 가득 차 있다는 것도 알 수 있답니다!

tip! 교과 연계 어휘

공기 지구를 둘러싸고 있으며 사람이 숨 쉬는 데 필요한 기체
가스 눈에 보이지 않고 공기처럼 퍼지는 기체

3. 우주에도 공기가 있을까?

지구를 감싸고 있는 공기는 높이 올라갈수록 줄어들어요. 그래서 우리가 살고 있는 땅에서 멀어질수록 공기는 점점 적어지고, 우주에 가까워지면 거의 없어져요. 우주는 물질이 거의 없는 진공 상태에 가까워요. 과학자들은 우주에 공기는 없지만, 아주 적은 양의 수소와 헬륨 같은 가스가 존재한다는 것을 발견했어요. 그래서 우주 비행사들은 우주에 나갈 때 특별한 공기통이 있는 우주복을 입어야 숨을 쉴 수 있어요.

tip! 교과 연계 어휘

진공 아무것도 들어 있지 않아 기체조차 없는 빈 공간
수소 모든 물질 가운데 가장 가벼운 기체
헬륨 공기보다 가볍고 색깔과 냄새가 없는 기체

4. 풍선은 왜 둥둥 떠오를까?

풍선 안에는 헬륨이라는 가스가 들어 있어요. 헬륨은 우리가 숨 쉬는 공기보다 가벼워요. 그래서 풍선을 공중에 놓으면, 위로 떠오르는 거예요. 물에서도 마찬가지예요. 헬륨은 물보다 가벼워요. 그래서 풍선은 물에 넣어도 위로 둥둥 떠오르지요. 또 재미있는 점이 있어요! 수소는 헬륨보다 더 가벼운 가스예요. 하지만 풍선에는 사용하지 않아요. 왜냐하면 수소는 불이 잘 붙는 위험한 가스이기 때문이에요. 반면, 헬륨은 안전해서 우리가 풍선을 띄울 때 많이 사용한답니다!

tip! 교과 연계 어휘

공중 땅에서 떨어져 높이 떠 있는 공간

5. 바람은 어떻게 생기는 걸까?

지구에는 따뜻한 공기와 차가운 공기가 있어요. 어떤 곳은 햇빛을 많이 받아 공기가 따뜻하고, 어떤 곳은 햇빛을 적게 받아 공기가 차가워요. 따뜻한 공기는 가벼워서 위로 올라가요. 그러면 차가운 공기가 그 자리를 채우기 위해 움직이게 돼요. 이렇게 공기가 움직이면서 바람이 생기는 거예요! 높은 산이나 바다, 도심과 숲처럼 온도가 다른 곳에서는 바람이 더 많이 생길 수 있어요.

tip! 교과 연계 어휘

따뜻한 공기 햇빛을 많이 받아 온도가 높아진 공기로, 가벼워서 위로 올라감

차가운 공기 햇빛을 적게 받아 온도가 낮아진 공기로, 무거워서 아래로 내려감

6. 웅덩이에 고인 물은 왜 점점 사라질까?

햇볕이 강하게 비치면 웅덩이 속 물은 기체로 변해요. 이것을 증발이라고 해요. 예를 들어 젖은 옷을 햇볕에 널어 두면 점점 물기가 사라지고 보송보송하게 말라요. 바로 물이 증발했기 때문이에요. 웅덩이 속의 물도 태양의 열을 받으면 수증기로 변하고, 공기와 섞여 점점 사라지는 거지요. 시간이 지나면 물이 모두 말라 웅덩이가 없어질 수도 있어요.

tip! 교과 연계 어휘

햇볕 태양에서 나와 땅을 따뜻하게 비추는 빛과 열

증발 액체가 열을 받아 기체로 바뀌어 공기 중으로 날아가는 현상

7. 증기는 어떻게 생기고, 변하는 걸까?

물은 고체(얼음), 액체(물), 기체(증기) 세 가지 형태로 변할 수 있어요! 물을 끓일 때 뜨거운 김이 올라오는 걸 본 적 있나요? 바로 그 뜨거운 김이 증기예요. 하지만 증기는 색이 없어서 눈에 보이지 않아요. 우리가 보는 것은 사실 작은 물방울이 모인 것이에요. 그리고 증기를 차갑게 식히면 다시 물로 변해요! 이 과정을 응축이라고 해요. 유리컵에 차가운 물을 따르면 바깥쪽에 물방울이 맺히는데, 공기 중에 있던 증기가 응축된 것이랍니다.

tip! 교과 연계 어휘

증기 물이 끓어서 생기는 기체 상태의 물

응축 기체가 차가워지면서 다시 액체로 변하는 과정

8. 얼음은 어떻게 만들어지는 걸까?

물을 냉동실처럼 아주 차가운 곳에 두면 얼음으로 변해요. 액체(물)에서 딱딱한 고체(얼음)로 변하는 것이지요. 이렇게 물이 어는 것을 결빙이라고 해요. 보통 섭씨 0도에서 물이 얼기 시작하는데, 이 온도를 '어는점'이라고 불러요. 액체가 고체로 변하기 시작하는 온도이지요.

tip! 교과 연계 어휘

결빙 액체가 차가워져서 고체로 바뀌는 현상
어는점 액체가 고체로 바뀌기 시작하는 온도

9. 비누는 왜 물속으로 가라앉을까?

비누를 물에 넣으면 퐁당! 하고 가라앉아요. 그 이유는 비누가 물의 표면 장력을 깨뜨리기 때문이에요. 물과 같은 액체는 서로 강하게 붙어 있으려는 성질 때문에 액체의 표면을 팽팽한 막처럼 만드는 힘을 가지고 있어요. 이것을 '표면 장력'이라고 불러요. 물이 가득 찬 컵에 한두 방울을 더 떨어뜨려도 넘치지 않고, 표면이 봉긋하게 부풀 듯 올라오지요. 이런 현상이 일어나는 것이 바로 표면 장력 때문이에요. 소금쟁이처럼 작은 곤충은 가벼워서 표면 장력을 깨뜨리지 않고 물 위를 떠다녀요. 하지만 물보다 무거운 비누는 물의 표면 장력을 뚫고 가라앉는 거예요!

tip! 교과 연계 어휘

표면 장력 물 분자들이 서로 꼭 붙잡아 물 표면에 얇은 막처럼 보이는 힘
분자 물질에서 화학적 형태와 성질을 잃지 않고 분리될 수 있는 최소의 입자

10. 설탕은 왜 뜨거운 물에 넣으면 사라질까?

설탕은 아주 작은 알갱이(분자)들이 모여 있는 덩어리예요. 물에 설탕을 넣으면, 물속에서 빠르게 움직이는 물 분자들이 설탕 덩어리를 톡톡 치면서 부수기 시작해요. 설탕은 점점 작아지면서 사라지고, 결국 완전히 녹아서 보이지 않게 되지요. 그런데 왜 뜨거운 물에서 더 빨리 녹을까요? 뜨거운 물에서는 물 분자들이 더 빠르게 움직이기 때문에 설탕을 더 빨리 부수고 녹일 수 있어요. 레모네이드를 만들 때 설탕을 빨리 녹이고 싶다면, 따뜻한 물에 먼저 섞어 보세요! 훨씬 더 쉽게 녹을 거예요!

tip! 교과 연계 어휘

용해 고체, 액체, 기체 같은 물질이 다른 액체(용매)에 섞여 보이지 않게 퍼지는 현상

11. 탄산음료엔 왜 방울방울 기포가 생길까?

탄산음료 속에는 이산화탄소라는 기체가 들어 있어요. 이 기체는 음료 캔이나 병 안에 꽉 눌려서 갇혀 있는 상태예요. 그런데 캔을 열면 어떻게 될까요? 갑자기 갇혀 있던 이산화탄소가 "푸쉬익~!" 하면서 밖으로 나오려고 해요. 그러면서 작은 방울, 즉 기포를 만들어요. 그래서 탄산음료를 마실 때 톡 쏘는 기분이 들고, 컵에 따르면 거품이 보이는 것이랍니다!

tip! 교과 연계 어휘

탄산음료 이산화탄소가 녹아 있어 톡 쏘는 맛이 나는 음료

기포 액체 속에 갇혀 있던 기체가 방울 형태로 나타난 것

이산화탄소 탄산음료에 들어 있는 기체로, 기포를 만들며 톡 쏘는 맛을 내는 성분

12. 어두운 곳에선 왜 아무것도 안 보일까?

우리가 눈으로 무언가를 볼 수 있는 것은 빛 덕분이에요! 빛은 물체에 부딪힌 다음 반사돼요. 이 반사된 빛이 우리 눈으로 들어오면, 눈이 그 빛을 신호로 바꿔서 뇌로 보내요. 그러면 우리는 "아, 여기 물건이 있구나!" 하고 볼 수 있는 거예요. 그런데 어두운 곳에서는 어떻게 될까요? 빛이 없으면, 물체에서 반사되는 빛도 없어요. 빛이 없으니 눈도 신호를 만들 수 없고, 결국 우리는 아무것도 볼 수 없게 되는 거예요!

tip! 교과 연계 어휘

빛 물체를 볼 수 있도록 도와주는 에너지
반사 빛이 물체에 부딪힌 후 다시 튕겨 나오는 현상

13. 거울엔 왜 내가 비치는 걸까?

거울의 표면은 아주 매끄럽고 반짝거려요. 빛이 거울에 닿으면 다시 반사되면서 우리의 모습을 비춰 줘요. 우리가 거울 앞에 서면, 우리 몸에 닿은 빛이 거울로 가서 다시 우리 눈으로 되돌아오죠. 이렇게 빛이 반사되면서 거울에 비친 자신의 모습을 볼 수 있는 거예요!

tip! 교과 연계 어휘

거울 빛을 반사하여 물체의 모습을 비추어 볼 수 있게 해 주는 물건
표면 물체의 가장 바깥쪽 부분

14. 빛은 정말 색이 없는 걸까?

빛은 원래 색이 없는 것이 아니에요. 빛은 아무 색도 없는 것 같지만 사실은 여러 가지 색이 섞여 있지요. 과학자 뉴턴은 이것을 실험으로 증명했어요. 뉴턴이 프리즘이라는 투명하고 각진 과학 도구에 빛을 비추자, 빛이 빨강, 주황, 노랑, 초록, 파랑, 보라의 무지개색으로 나뉘었답니다. 즉, 빛은 여러 색의 빛이 합쳐진 것이라는 사실을 알 수 있었지요.

tip! 교과 연계 어휘

프리즘 빛을 여러 가지 색으로 나누는 삼각형 모양의 투명한 도구
무지개 빛이 공기 중의 물방울을 만나 여러 가지 색으로 나뉘어 보이는 현상

15. 비 온 뒤 무지개는 왜 나타나는 걸까?

무지개는 정말 신비로운 자연 현상이에요! 무지개를 이루는 빨간색, 주황색, 노란색, 초록색, 파란색, 남색, 보라색 같은 색들은 사실 햇빛 속에 모두 포함되어 있답니다. 비가 온 뒤 태양이 빛을 비추면, 햇빛이 공기 중의 빗방울에 들어가면서 꺾이고(굴절) 색깔들이 나뉘어요. 이후 빗방울 안에서 반사된 빛이 다시 밖으로 나올 때 또 한 번 꺾이면서 아름답고 둥근 무지개가 만들어지는 거예요!

tip! 교과 연계 어휘

굴절 빛이 물이나 유리처럼 다른 물질을 지날 때 꺾이는 현상

16. 뜨거운 여름날, 커튼을 치면 시원할까, 더울까?

햇빛이 밖에서 쨍쨍 내리쬐면, 빛과 열이 유리창을 통해 집 안으로 들어와요. 그런데 창문에 커튼을 치면, 빛과 열이 커튼에 반사되거나 흡수돼서 방 안이 덜 더워져요. 그래서 실내 온도가 낮아지고, 에어컨을 덜 틀게 되어 전기 요금도 아낄 수 있어요!

tip! 교과 연계 어휘

빛 태양에서 나오는 에너지로, 우리가 사물을 볼 수 있게 해 줌
열 태양에서 나오는 따뜻한 에너지로, 물체의 온도를 높임

17. 그림자는 어떻게 해서 생기는 걸까?

그림자는 빛이 가는 길을 막는 물체 때문에 생겨요. 예를 들어, 우리가 햇빛이 비치는 곳에 서 있으면 몸이 빛을 가려서 그림자가 생겨요. 이때 빛은 몸을 통과하지 못하고, 몸의 가장자리(윤곽선)를 따라 지나가요. 그래서 우리 몸의 모양대로 바닥이나 벽에 그림자가 만들어지는 거예요. 빛의 방향과 세기에 따라 그림자의 크기와 모양도 달라질 수 있답니다!

tip! 교과 연계 어휘

그림자 빛이 물체에 가로막혀 생기는 어두운 부분
윤곽선 물체의 모양을 따라 만들어지는 가장자리를 잇는 선

18. 빛은 물질을 만나면 왜 다르게 반응할까?

빛은 물질에 따라 다르게 반응해요. 어떤 물질은 빛을 완전히 통과시키고, 어떤 물질은 일부만 통과시키거나 아예 막아 버려요. 유리창처럼 빛이 완전히 지나갈 수 있는 물질을 투명 물질이라고 해요. 반면, 빛이 조금만 통과하는 얇은 종이나 김 서린 유리는 반투명 물질이라고 부르죠. 그리고 두꺼운 커튼이나 벽처럼 빛이 전혀 지나가지 못하는 물질은 불투명 물질이라고 해요. 이렇게 물질에 따라 빛이 통과하는 정도가 달라지기 때문에, 주변 사물을 다양한 방식으로 볼 수 있답니다!

tip! 교과 연계 어휘

물질 형태와 부피를 가진 모든 것
투명 물질 빛이 완전히 통과할 수 있는 물질 (예: 유리창)
반투명 물질 빛이 일부만 통과하는 물질 (예: 얇은 종이, 김 서린 유리)
불투명 물질 빛이 전혀 통과하지 못하는 물질 (예: 벽, 두꺼운 커튼)

19. 눈으로 전기를 볼 수 있을까?

전기는 우리 눈으로 직접 볼 수 없어요. 하지만 전기가 있으면 불이 켜지고, 선풍기가 돌아가는 것처럼 전기가 하는 일을 통해 그 존재를 알 수 있어요. 전기는 '전자'라는 아주 작은 입자가 움직이면서 생기는 에너지예요. 이 전자들은 너무 작아서 눈으로 볼 수 없답니다. 하지만 번개처럼 전기가 공기 중을 빠르게 지나갈 때는 번쩍이는 빛이 보여요. 우리는 전기를 직접 보진 못하지만, 전기가 만든 변화들을 통해 그 힘을 느낄 수 있어요!

tip! 교과 연계 어휘

전기 빛을 밝히거나 기계를 작동시키는 데 쓰이는 에너지
번개 전기가 공기 중을 빠르게 이동할 때 생기는 강한 빛
전자 물질을 이루는 아주 작은 입자로, 전기를 띠고 있는 것

20. 전기는 어떻게 만들어질까?

전기는 여러 가지 에너지가 변해서 만들어져요. 물, 바람, 태양, 배터리 같은 것에서 에너지를 얻어 전기로 바꿀 수 있답니다. 예를 들어, 수력 발전소에서는 흐르는 물의 힘으로, 풍력 발전소에서는 바람이 회전시키는 힘으로 전기를 만들어요. 태양광 발전소는 햇빛을 이용해 전기를 생산하고, 배터리는 안에 저장된 화학 에너지를 전기로 바꿔 기기를 작동하게 해요. 이렇게 다양한 방법으로 만들어진 전기는 우리가 불을 켜고, 컴퓨터를 사용하고, 전자 제품을 작동시키는 데 쓰인답니다!

tip! 교과 연계 어휘

- **에너지** 일을 할 수 있게 해 주는 힘
- **풍력 발전** 바람의 힘을 이용하여 전기를 만드는 방법
- **태양광 발전** 햇빛을 이용하여 전기를 만드는 방법
- **배터리** 화학 에너지를 저장하고 전기로 바꿔 주는 장치

21. 소리는 어떻게 막을 수 있을까?

소리는 공기를 통해 전달돼요. 소리가 들리려면 소리를 내는 곳과 듣는 사람 사이에 공기가 있어야 해요. 하지만 공기의 흐름을 막으면 소리의 진동이 전달되지 않아서 소리가 잘 들리지 않아요. 방음을 하려면 벽이나 문에 두꺼운 재료를 붙이거나, 창문에 두꺼운 커튼을 달아 소리의 전달을 줄여요. 또, 스펀지나 방음 패널 같은 흡음재를 사용하면 소리가 흡수되어 더 조용한 환경을 만들 수 있답니다.

tip! 교과 연계 어휘

- **소리** 물체가 진동할 때 공기를 통해 퍼져 나와 귀로 들리는 것
- **진동** 물체가 빠르게 떨리는 움직임으로, 소리를 만드는 원인
- **방음** 소리의 전달을 막거나 줄임
- **흡음재** 소리를 흡수하여 음파의 반사를 줄이는 재료

22. 전기 제품은 왜 스위치를 끄면 멈출까?

텔레비전, 선풍기 같은 전기 제품은 전기가 흘러야 작동해요. 전기는 전선을 따라 흐르면서 제품에 필요한 에너지를 보내요. 스위치는 전기의 길을 여닫는 역할을 해요. 스위치를 켜면 전기가 흘러 제품이 작동하고, 스위치를 끄면 전기가 흐르지 않아서 제품이 멈추는 거예요. 전기의 흐름을 조절하는 스위치 덕분에 우리는 편리하게 전기 제품을 사용할 수 있답니다!

tip! 교과 연계 어휘

전선 전기가 흐르는 길을 만들어 주는 선
스위치 전기의 흐름을 조절하는 장치

23. 전류는 어떤 도구로 측정할까?

전류를 측정하는 도구를 암미터라고 해요. 전류는 암페어(A)라는 단위로 측정되는데, 암미터라는 이름도 여기에서 나왔어요. 아주 적은 전류를 측정할 때는 밀리암미터나 마이크로암미터라는 도구를 사용해요. 예전에는 암미터가 커서 실험실에서만 사용할 수 있었지만, 지금은 더 작고 편리한 암미터가 만들어져서 다양한 곳에서 사용할 수 있답니다.

tip! 교과 연계 어휘

전류 전기가 흐르는 양을 나타내는 값
암페어(A) 전류를 측정하는 단위

24. 연료는 어떻게 전기로 바뀌는 걸까?

집에서 쓰는 전기는 커다란 발전소에서 만들어져요. 발전소에서는 석탄, 천연가스 같은 연료를 태워서 열에너지를 만들어요. 이 열은 여러 단계를 거쳐 전기로 바뀌어요. 만들어진 전기는 변압기로 전압을 높여 먼 거리까지 보내요. 긴 전선을 따라 우리 집까지 전달된 전기로 우리는 불을 켜거나, TV를 보고, 다양한 전자 제품을 사용할 수 있는 것이죠!

tip! 교과 연계 어휘

연료 전기를 만들기 위해 태우는 물질 (예: 석탄, 천연가스)
발전소 연료를 이용해 전기를 만드는 시설
열에너지 물질을 태울 때 발생하는 에너지로, 전기로 변환될 수 있음
변압기 전기의 힘을 키우거나 낮추는 장치

25. 소리를 눈으로 볼 수 있을까?

소리는 우리 눈에 보이지 않아요. 소리는 공기를 흔들면서 퍼져나가요. 이때 공기 속 작은 입자들이 진동하면서 우리 귀르 소리가 전달되는 거예요. 그렇다면 소리를 눈으로 볼 수 있는 방법은 없을까요? 사실 소리는 그래프로 나타낼 수 있어요! 음악 플레이어나 녹음 기기에서 파동처럼 보이는 그래프가 바로 소리를 눈으로 볼 수 있게 표현한 것이랍니다.

tip! 교과 연계 어휘

입자 물질을 구성하는 아주 작은 단위의 물체
파동 소리가 공기를 통해 전달될 때 생기는 물결 모양의 움직임

26. 미끄러지면 왜 아래로 떨어질까?

만약 어떤 물건을 떨어뜨렸는데, 그 물건이 위로 떠오른다면 정말 이상하겠죠? 우리가 넘어지거나 미끄럼을 탈 때 아래로 떨어지는 이유는 바로 중력 때문이에요. 중력은 모든 물체를 지구 중심으로 끌어당기는 힘이에요. 그래서 공을 던지면 땅으로 떨어지고, 미끄러지면 아래쪽으로 내려가게 되는 거랍니다!

tip! 교과 연계 어휘

중력 지구가 물체를 끌어당기는 힘

27. 자석은 어떻게 물건을 움직일까?

자석은 아주 신기한 물체예요! 자석이 물체를 움직이게 하는 힘에는 끌어당기는 힘과 밀어내는 힘이 있어요. 자석에는 북극(N극)과 남극(S극)이라는 두 개의 극이 있는데, 서로 다른 극이 만나면 끌어당겨 붙지만, 같은 극끼리 만나면 서로 밀어내요. 자석은 철이나 니켈 같은 금속을 직접 만지지 않아도 끌어당길 수 있어요. 이런 자석의 성질을 이용하면 물체를 움직일 수도 있고, 자기 부상 열차처럼 물체를 공중에 뜨게 하는 기술에도 활용할 수 있답니다!

tip! 교과 연계 어휘

자석 철이나 니켈 같은 금속을 끌어당기는 성질을 가진 물체
극 자석의 양쪽 끝부분으로, 한쪽은 북극(N극), 다른 한쪽은 남극(S극)
자기 부상 열차 자석의 힘을 이용해 공중에 떠서 움직이는 열차

28. 자석이 탐험가를 도와준다고?

탐험가들은 길을 찾을 때 자석으로 만든 나침반을 사용해요. 지구는 자기장을 가지고 있어서, 나침반의 바늘이 항상 북쪽과 남쪽을 가리키지요. 옛날부터 탐험가들은 나침반과 지도를 함께 사용해서 방향을 찾고, 새로운 땅을 탐험했어요. 오늘날에도 나침반은 등산이나 모험을 떠날 때 유용한 도구로 사용된답니다!

tip! 교과 연계 어휘

나침반 자석의 성질을 이용하여 방향을 알려주는 도구
자기장 자석의 힘이 미치는 공간
지도 지형과 위치 정보를 약속된 기호로 나타낸 그림

29. 미끄럼틀 표면은 왜 매끄러운 걸까?

미끄럼틀을 탈 때, 몸은 미끄럼틀 표면과 닿아 움직이게 돼요. 만약 표면이 거칠다면 마찰이 커져서 쉽게 내려오지 못해요. 그래서 미끄럼틀은 매끄러운 표면으로 만들어져 있어요. 이렇게 하면 마찰이 줄어들어 몸이 부드럽게 미끄러질 수 있어요. 금속처럼 매끈한 재질은 거친 시멘트보다 미끄럼틀에 더 잘 어울린답니다!

tip! 교과 연계 어휘

마찰 두 물체가 맞닿아 움직일 때 생기는 저항력

30. 달리는 자전거를 멈추려면?

자전거를 타면 바퀴가 회전하면서 운동 에너지가 생겨요. 달리는 자전거를 멈추려면 이 운동 에너지를 줄여야 해요. 브레이크를 누르면 고무 패드가 바퀴를 꽉 잡으면서 마찰이 생겨요. 이 마찰이 바퀴의 회전을 점점 느리게 만들어 자전거가 천천히 멈추게 되는 거예요.

tip! 교과 연계 어휘

브레이크 자동차나 자전거를 멈추게 하거나 속도를 줄이는 장치
운동 에너지 움직이는 물체가 가지고 있는 에너지

31. 지구에서는 왜 물체가 무겁게 느껴질까?

지구에는 모든 물체를 끌어당기는 중력이 있어요. 중력은 우리가 땅에 발을 딛고 서 있을 수 있도록 해 주는 힘이에요. 물체의 질량이 클수록, 즉 무거울수록 중력이 더 강하게 끌어당겨요. 그래서 지구에서는 물건을 들어 올릴 때 무겁게 느껴지는 거예요!

tip! 교과 연계 어휘

물체 형태와 부피를 가진 모든 것
질량 물체가 가진 물질의 양으로, 물질의 양이 많을수록 무겁게 느껴짐

32. 언제부터 농사를 지었을까?

아주 오래전, 약 1만 3천 년 전까지 사람들은 동물을 사냥하거나 열매를 따 먹으며(채집) 살았어요. 하지만 시간이 지나면서 사람들이 직접 식물을 심고 기르는 농사를 하기 시작했지요. 처음에는 동남아시아에서 농사가 시작되었고, 점점 아프리카, 멕시코, 남아메르 카, 미국 동부로 퍼져나갔어요. 이렇게 농업이 발전하면서 사람들은 한곳에 정착하여 마을을 이루고 살아갈 수 있게 되었답니다!

tip! 교과 연계 어휘

사냥 도구를 이용해 동물을 잡는 일
채집 자연에서 열매나 식물을 따거나 캐서 모으는 일
정착 한곳에 머물러 생활하는 것

33. 루시는 누구였을까?

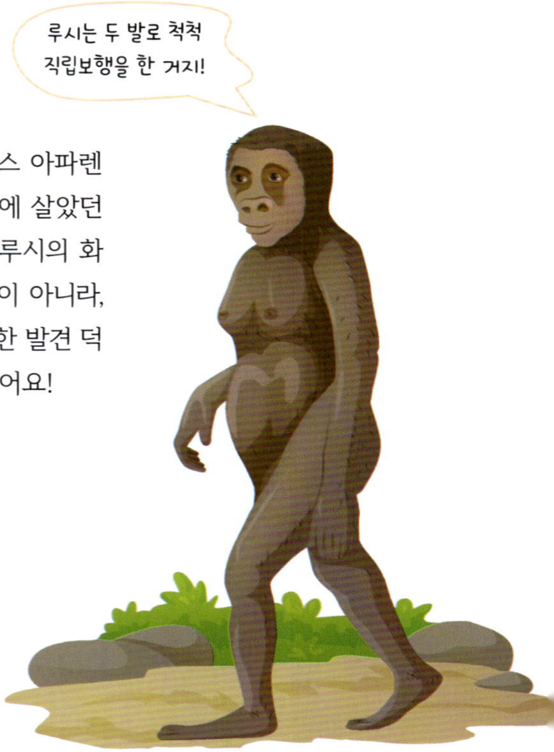

루시는 호모 사피엔스의 조상으로 여겨지는 오스트랄로피테쿠스 아파렌시스 종의 가장 유명한 여성 화석이에요. 그녀는 약 320만 년 전에 살았던 것으로 알려져 있어요. 1974년 에티오피아 하다르에서 발견된 루시의 화석은 오스트랄로피테쿠스 아파렌시스가 나무에만 올라가는 것이 아니라, 사람처럼 두 발로 걸을 수 있었다는 사실을 보여줬어요. 이 중요한 발견 덕분에 과학자들은 인류의 진화 과정을 더 잘 이해할 수 있게 되었어요!

tip! 교과 연계 어휘

호모 사피엔스 현대 인류를 뜻하는 이름
오스트랄로피테쿠스 아파렌시스 초기 인류의 조상으로 여겨지는 종
화석 오랜 시간 동안 땅속에 묻혀 단단한 돌처럼 변한 생물의 흔적
진화 생물이 오랜 시간에 걸쳐 환경에 적응하며 변화하는 과정

34. 석기 시대라는 이름은 왜 붙여졌을까?

석기 시대라는 이름은 약 260만 년 전, 인간이 처음으로 돌을 이용해 도구를 만들었기 때문에 붙여졌어요. 그때 사람들은 돌을 깎아 사냥을 하거나 음식을 준비하는 데 사용할 도구를 만들었어요. 돌도끼, 돌칼 같은 도구들은 생활을 더 편리하게 해 주었고, 인류의 발전에 중요한 역할을 했답니다!

tip! 교과 연계 어휘

석기 시대 사람들이 돌을 사용하여 도구를 만들던 시대
도구 사냥이나 음식 준비 등 생활을 돕기 위해 만든 물건

35. 선사 시대 사람들은 도구를 사용했을까?

아주 오래전, 약 260만 년 전에 사람들은 처음으로 도구와 무기를 만들기 시작했어요. 처음에는 자연에서 주운 돌을 그대로 사용했지만, 점점 돌을 다듬어 날카롭게 만들면서 사냥과 생활이 더 편리해졌어요. 사람들은 돌뿐만 아니라 동물의 뼈, 뿔, 엄니 같은 것들도 도구로 사용했어요. 이후에는 활과 화살, 창 같은 무기도 만들어 사용했답니다. 시간이 지나면서 사람들은 돌보다 더 단단한 청동으로 더욱 튼튼한 도구와 무기를 만들게 되었어요. 이러한 도구와 무기 덕분에 사람들은 사냥을 더 쉽게 하고, 집도 짓고 농사도 하면서 점점 생활이 발전했답니다!

tip! 교과 연계 어휘

선사 시대 문자가 사용되기 이전의 시대
엄니 크고 날카롭게 발달한 포유류의 이
청동 구리에 여러 금속을 섞어 만든 물질

36. 최초의 불은 어떻게 생겼을까?

최초의 불이 정확히 어떻게 생겼는지는 알 수 없어요. 하지만 과학자들은 화산에서 흘러나온 용암이나, 벼락을 맞은 나무에 불이 붙으면서 생겼을 것으로 추측해요. 자연적으로 생긴 불을 본 옛날 사람들은 불을 조심스럽게 관리하며 사용하기 시작했답니다!

tip! 교과 연계 어휘

화산 땅속에서 뜨거운 용암과 가스가 분출하는 산 또는 그렇게 만들어진 산
용암 뜨거운 땅의 열로 녹아 화산에서 흘러나오는 녹은 돌
벼락 번개가 땅이나 나무 같은 곳에 떨어질 때의 전기와 충격

37. 불을 발견한 게 왜 중요할까?

불의 발견은 인간이 더 안전하고 편리한 생활을 할 수 있도록 도와줬어요. 불을 사용하면 몸을 따뜻하게 할 수 있고, 음식을 익혀 먹을 수도 있어요. 또한, 불빛을 이용해 어두운 밤에도 활동할 수 있었고, 야생 동물로부터 자신을 보호하는 데도 도움이 되었어요. 시간이 지나면서 사람들은 불을 이용해 진흙을 구워서 도자기를 만드는 법을 알게 되었어요. 또, 불로 금속을 녹여 도구와 그릇을 만들며 생활을 더욱 발전시켰답니다!

tip! 교과 연계 어휘

도자기 진흙을 불에 구워 단단하게 만든 그릇이나 물건

38. 석기 시대 사람들은 어떻게 불을 피웠을까?

석기 시대 사람들은 두 개의 돌을 서로 부딪쳐 불꽃을 만들었어요. 돌을 세게 치면 작은 불꽃이 튀는데, 이 불꽃을 마른 풀이나 나뭇조각에 옮겨 불을 피웠답니다. 이렇게 불을 만들어 몸을 따뜻하게 하고, 음식을 익혀 먹으며, 야생 동물로부터 자신을 보호할 수 있었어요!

tip! 교과 연계 어휘

부싯돌 쇠조각을 부딪혀 불을 일으키는 돌

39. 선사 시대 사람들은 어떤 예술을 남겼을까?

옛날 사람들은 그림으로 자신들의 이야기를 남겼어요. 동굴 벽에 동물이나 사냥하는 사람들의 모습을 그린 그림이 아직까지 남아 있지요. 선사 시대 사람들은 처음에는 단순한 선이나 모양 정도를 그렸지만, 점점 더 복잡하고 구체적인 그림들을 그렸답니다.

tip! 교과 연계 어휘

예술 사람들의 생각과 감정을 그림이나 조각으로 표현하는 활동

40. 선사 시대 사람들은 어떤 옷을 입었을까?

선사 시대 사람들은 추운 날씨로부터 몸을 보호하기 위해 옷을 만들어 입었어요. 동물 가죽이나 털, 나뭇잎, 풀 등을 엮어 몸을 감쌌지요. 시간이 지나면서 더 따뜻하고 편한 옷을 만들기 위해 가죽을 다듬거나 꿰매는 기술도 발달했어요. 몸을 보호하기 위해 만들기 시작한 옷은 점점 특별한 의미를 표현하거나 멋을 나타내는 용도로 사용하기도 했어요.

tip! 교과 연계 어휘

옷 몸을 보호하거나 장식하기 위해 입는 물건
용도 쓰이는 목적이나 쓰임새

41. 도시는 언제 만들어졌을까?

사람들은 농사를 시작하면서 한곳에 모여 살았어요. 사람들이 많이 모인 곳을 중심으로 도시가 생겨났지요. 오래된 도시 중 하나는 이스라엘에 있는 '여리고'라는 도시예요. 요르단강과 사해가 만나는 곳에 있지요. 또 다른 오래된 도시로는 튀르키예에 있는 '차탈회위크'가 있어요.

tip! 교과 연계 어휘

도시 많은 사람들이 모여 살며, 집과 도로 등이 발달한 지역

42. 아담과 하와는 누구였을까?

성경에 따르면 아담은 하나님이 흙으로 만든 최초의 남자이며, 하와는 아담의 갈비뼈로 만든 최초의 여자예요. 두 사람은 에덴동산에서 살며 인류의 조상이 되었다고 전해져요.

tip! 교과 연계 어휘

성경 기독교의 가르침과 이야기가 담긴 책
에덴동산 성경에 나오는 지상 낙원으로, 아담과 하와가 처음 살았던 곳
인류 세계의 모든 사람을 말하는 것으로, 사람을 동물과 구별하여 이르는 말

43. 세계에서 가장 오래된 도시는 어디일까?

예전에는 수메르 문명의 도시들이 가장 오래된 곳이라고 생각했어요. 그런데 시리아에 있는 '텔 하무카르'에서 기원전 4천 년경의 유적이 발견되면서 이곳이 가장 오래된 도시로 알려졌어요. 무려 6천 년 전에 생긴 도시랍니다!

tip! 교과 연계 어휘

수메르 문명 고대 메소포타미아 지역에서 발전한 초기 문명
문명 사람들이 모여 살며 문화와 기술이 발전한 사회
유적 옛날 사람들이 남긴 건축물이나 물건 등의 흔적

44. 사람들이 처음 재배한 작물은?

사람들은 약 1만 년 전에 밀과 보리를 처음으로 키우기 시작했어요. 원래는 야생에서 자라던 식물이었지만, 사람들이 직접 기르는 재배 작물이 되었어요. 밀과 보리는 빵을 만들거나 음식을 만드는 데 중요한 재료가 되었어요!

tip! 교과 연계 어휘

재배 식물을 심어 가꿈
작물 논밭에 심어 가꾸는 곡식이나 채소

45. 최초의 인간은 어디에서 살았을까?

사람들은 처음부터 이런 모습이 아니었어요. 사람처럼 생긴 유인원들이 오랫동안 진화하면서 지금의 모습을 가진 사람이 된 거예요. 과학자들은 호모 하빌리스라는 옛날 사람이 약 240만 년 전에 살았고, 그 다음에 호모 에렉투스가 나타나 살았다고 해요. 이들은 오스트랄로피테쿠스라는 더 오래된 조상들로부터 진화했어요. 사람의 조상 화석들은 주로 아프리카(에티오피아, 케냐, 탄자니아 등)에서 많이 발견되었어요. 가장 유명한 화석은 '루시'라는 뼈 화석인데, 1974년 에티오피아에서 발견되었어요. 그리고 약 30만 년 전, 지금 우리와 같은 모습의 사람, 호모 사피엔스가 등장했어요. 과학자들은 사람의 조상이 아프리카에서 살기 시작했다고 생각해요. 대표적인 인류 화석이 발견된 곳으로는 올두바이 협곡(탄자니아), 하다르(에티오피아), 스터크폰테인 동굴(남아프리카공화국) 등이 있어요.

tip! 교과 연계 어휘

호모 하빌리스 약 240만~140만 년 전에 살았던 초기 인류
호모 에렉투스 약 190만~14만 년 전에 살았으며, 불을 사용한 인류
호모 사피엔스 약 30만 년 전에 나타난 현대 인류

46. 지구에서 생명은 어떻게 시작됐을까?

과학자들은 지구가 약 45억 년 전에 만들어졌다고 해요. 시간이 지나 지구 표면이 식으면서 바다와 대륙이 생겼어요. 가장 처음 생긴 생명체는 아주 작은 미생물이었어요. 연구에 따르면, 약 38억 5천만 년 전에 박테리아 같은 생물이 나타났다고 해요. 그 후 시간이 지나면서 바다에는 무척추동물과 암모나이트 같은 생물들이 살았고, 약 5억 5천만 년 전에 어류, 양서류, 파충류, 조류, 포유류가 차례로 등장했어요. 그리고 마지막으로 인간이 나타났어요.

tip! 교과 연계 어휘

미생물 눈에 보이지 않을 정도로 작은 생명체
박테리아 지구에서 아주 오래전에 생겨난 단세포 생물
무척추동물 척추(등뼈)가 없는 동물
암모나이트 고대 바다에서 살았던 조개처럼 생긴 화석 생물
어류 물속을 헤엄쳐 다니며 아가미로 호흡하는 척추동물
양서류 물과 땅에서 모두 생활할 수 있는 동물
파충류 비늘을 가진 동물로, 공룡도 포함됨
조류 날개와 부리가 있으며 온몸에 깃털이 나 있고 다리가 둘인 척추동물
포유류 새끼를 낳고 젖을 먹여 키우는 동물

47. 옛사람들의 삶을 어떻게 알 수 있을까?

과학자들은 오래된 화석, 돌, 동굴 벽에 남겨진 그림 등을 연구해서 선사 시대 사람들이 어떻게 살았는지 알아냈어요. 동물과 식물 화석을 보면, 옛날에 그 지역이 따뜻하고 습했는지, 아니면 건조했는지를 알 수 있어요. 또한, 과학자들은 인간의 조상이 어떻게 진화했는지도 연구해요. 연구에 따르면, 약 700만 년 전에 유인원의 공통 조상에서 인간, 고릴라, 침팬지 같은 종으로 나뉘었다고 해요. 그리고 인간은 시간이 지나면서 동굴에 그림을 그리고, 돌을 이용해 도구를 만들면서 점점 더 발전해 나갔어요!

tip! 교과 연계 어휘

- **동물 화석** 과거에 살았던 동물의 뼈나 흔적이 돌로 변한 것
- **식물 화석** 오래된 식물의 잔해가 땅속에서 화석이 된 것
- **진화** 생물이 오랜 시간에 걸쳐 변화하며 발전하는 과정

48. 석기 시대 사람들은 어떻게 살았을까?

석기 시대는 약 200만 년 동안 이어졌어요. 그 시기의 사람들은 지금 사람들보다 키와 몸집이 컸으며, 뇌도 더 컸다고 해요. 석기 시대 사람들은 동굴이나 절벽 아래에서 생활했고, 먹을 것을 찾아 이곳저곳을 돌아다녔어요. 처음에는 과일이나 뿌리 같은 식물을 먹으며 살았지만, 점점 동물을 사냥하고 불을 사용하기 시작했어요. 또한, 한곳에 모여 무리 생활을 하며 서로를 도왔어요. 과학자들은 이러한 생활의 흔적을 발견해 석기 시대 사람들의 삶을 연구하고 있답니다!

tip! 교과 연계 어휘

- **무리 생활** 여러 사람이 함께 생활하며 서로 돕는 공동체 생활 방식
- **제작** 재료를 가지고 물건 등을 만듦

49. 피라미드는 누가 만들었을까?

피라미드는 네 개의 삼각형 면이 꼭대기에서 만나고 정사각형 바닥을 이루는 거대한 건축물이에요. 세계 여러 곳에서 피라미드가 만들어졌지만, 가장 유명한 것은 고대 이집트의 왕들이 지은 피라미드예요. 쿠푸 왕, 카프레 왕, 멘카우레 왕 같은 파라오들이 피라미드를 짓도록 명령했어요. 이집트에서 가장 큰 피라미드는 '대피라미드'라고 불려요. 피라미드는 이집트뿐만 아니라 중앙아메리카, 남아메리카, 수단 등 여러 지역에서도 발견된답니다!

tip! 교과 연계 어휘

피라미드 돌을 쌓아 만든 사각뿔 모양의 거대한 건축물로, 주로 왕이나 왕족의 무덤으로 사용됨
파라오 고대 이집트를 다스리던 왕을 이르는 말
대피라미드 이집트에서 가장 큰 피라미드로, 쿠푸 왕이 지은 것으로 알려짐

50. 파라오는 왜 그렇게 큰 피라미드를 만들었을까?

고대 이집트의 왕이었던 파라오는 피라미드를 자신의 무덤으로 사용했어요. 파라오들은 사후 세계에서도 편안하게 지내기를 원했어요. 그래서 피라미드를 크게 짓고 그 안에 많은 보석도 함께 넣었지요. 하지만 무덤을 노리는 도굴꾼들 때문에 보물은 여러 번 도둑맞았답니다!

tip! 교과 연계 어휘

고대 이집트 피라미드와 파라오의 문명이 번성했던 지역
사후 세계 죽은 뒤에도 있다고 여기는 세계
도굴꾼 무덤을 파헤쳐 보물을 훔치는 사람들

51. 미라화란 무엇일까?

고대 이집트에서는 죽은 사람을 미라로 만들어 몸을 보존했어.

미라화는 고대 이집트에서 죽은 사람의 몸을 보존하는 특별한 방법이에요. 시신에 약을 바르고 천으로 감싼 뒤, 말려서 오랫동안 썩지 않도록 했어요. 이렇게 만들어진 미라는 관에 넣어 피라미드나 무덤 속에 보관되었어요. 고대 이집트 사람들은 미라가 사후 세계에서 다시 살아난다고 믿었기 때문에, 조심스럽게 보존했다고 해요!

tip! 교과 연계 어휘

미라 썩지 않고 건조되어 원래 상태에 가까운 모습으로 남아 있는 인간이나 동물의 사체
보존 오랫동안 변하지 않도록 유지하는 과정

52. 사람들은 시신을 어떻게 미라로 만들었을까?

방부 처리는 시신이 썩거나 변하지 않게 막는 것을 말해.

고대 이집트에서는 시신을 보존하기 위해 미라를 만들었어요. 미라를 만드는 과정은 크게 두 단계로 이루어졌어요. 먼저, 시신이 썩지 않도록 방부 처리를 했어요. 이를 위해 야자유와 나일강 물로 시신을 깨끗이 씻고, 내부 장기를 꺼냈어요. 장기들은 가장 먼저 썩기 때문에 따로 보관했지만, 심장은 그대로 남겨두었어요. 그런 다음, 시신을 40일 동안 말려서 물기를 완전히 없앴어요. 두 번째 단계에서는 시신에 기름을 바르고, 긴 천으로 정성스럽게 감쌌어요. 이 과정에서 사제들이 주문을 외워 악령을 쫓고, 죽은 사람이 사후 세계에서도 편안할 수 있도록 기원했어요. 이렇게 만들어진 미라는 관에 넣어 무덤에 안치되었답니다!

tip! 교과 연계 어휘

시신 사람이 죽은 후의 몸
장기 몸속에 있는 내장의 여러 기관
사제 종교적인 일을 하며 신을 받들어 모시는 사람
안치 죽은 사람의 몸이나 뼈를 정해진 곳에 조심스럽게 모시는 것

53. 투탕카멘은 누구였을까?

투탕카멘은 고대 이집트의 파라오 중 한 명으로, 세계에서 가장 유명한 이집트 왕 중 한 사람이에요. 투탕카멘은 어린 나이에 왕이 되었지만, 19세라는 젊은 나이에 갑자기 세상을 떠났어요. 투탕카멘의 죽음은 오랫동안 미스터리로 남아 있었어요. 과학자들은 투탕카멘의 미라에서 3,300년 된 DNA를 분석해 그가 어떻게 죽었는지 연구했어요. 연구 결과, 트탕카멘은 다리를 크게 다친 뒤 감염이 생겼고, 말라리아에 걸려 사망했을 가능성이 높다는 사실이 밝혀졌어요. 투탕카멘의 무덤은 1922년 발굴되었는데, 수많은 보물이 있어 사람들의 관심을 끌었어요. 투탕카멘의 황금 마스크는 지금도 세계에서 가장 유명한 유물 중 하나랍니다!

tip! 교과 연계 어휘

투탕카멘 고대 이집트의 어린 파라오로, 유명한 무덤과 보물로 잘 알려진 인물

DNA 생명체의 정보를 담고 있는 유전 물질

54. 고대 세계의 7대 불가사의는 뭐였을까?

세계의 7대 불가사의는 고대 그리스 사람들이 손꼽은 아주 놀라운 건축물과 조각상들을 말해요. 이집트 기자의 대피라미드, 바빌론의 공중 정원, 올림피아의 제우스 신상, 에페수스의 아르테미스 신전, 할리카르나소스의 마우솔로스 영묘, 로도스의 거상, 알렉산드리아의 등대이지요. 이 중에서 기자의 대피라미드만 유일하게 남아 있어요. 나머지는 지진이나 화재, 전쟁 같은 이유로 사라졌지만, 여전히 세계에서 가장 위대한 건축물들로 여겨지고 있지요.

tip! 교과 연계 어휘

불가사의 사람의 생각으로는 미루어 헤아릴 수 없이 묘하고 이상함

영묘 선조의 영혼을 모신 사당

55. 고대 그리스에는 어떤 사람들이 있었을까?

고대 그리스에는 아주 똑똑하고 유명한 사람들이 많았어요! 그들은 나라를 다스리기도 하고, 새로운 생각을 해내기도 했으며, 과학과 수학을 발전시키기도 했어요. 예를 들어, 알렉산드로스 대왕은 용감한 군사 지도자로, 아주 넓은 땅을 정복하며 그리스 문화를 퍼뜨렸어요. 소크라테스, 플라톤, 아리스토텔레스 같은 철학자들은 '사람은 어떻게 살아야 할까?' 같은 중요한 질문에 대해 깊이 고민했어요. 아르키메데스는 수학과 과학을 연구하며 많은 발견을 했고, 호메로스는 <일리아스>와 <오디세이아>라는 멋진 이야기를 남겼어요. 이 이야기는 지금도 많은 사람들이 읽고 있답니다! 고대 그리스 사람들은 우리 생활에 큰 영향을 주었고, 지금도 많은 사람들이 그들의 업적을 배우고 있어요!

tip! 교과 연계 어휘

철학 인간과 세상에 대한 깊은 질문을 탐구하는 학문

56. 올림픽은 언제부터 시작된 걸까?

올림픽은 기원전 700년대에 고대 그리스에서 처음 열렸어요! 그리스 사람들은 제우스 신을 기리기 위해 이 경기를 만들었고, 4년마다 한 번씩 열었어요. 첫 번째 올림픽을 기념하기 위해 '제우스 신상'이라는 커다란 조각상을 만들었어요. 이 올림픽에서 선수들은 달리기, 창던지기, 레슬링 같은 다양한 경기에 참가했답니다! 우승한 선수들은 금메달이 아니라 올리브 가지로 만든 화환을 받았어요. 올림픽은 오랜 시간이 흐른 뒤, 1896년 아테네에서 다시 시작했어요.

tip! 교과 연계 어휘

올림픽 고대 그리스에서 시작된 세계적인 운동 경기
제우스 신상 고대 올림픽을 기념하기 위해 만들어진 조각상

57. 올림픽에서 수영 경기는 언제 생긴 걸까?

고대 올림픽에서는 수영 경기가 없었어요. 수영은 1896년 아테네 올림픽에서 처음으로 올림픽 종목이 되었답니다! 처음 열린 대회에서는 네 개의 수영 경기가 있었는데, 그때는 남성 선수들만 참가할 수 있었어요. 여성 선수들은 1912년 스톡홀름 올림픽에서 처음으로 수영 경기에 참가할 수 있었답니다.

tip! 교과 연계 어휘

고대 올림픽 기원전 700년대에 고대 그리스에서 4년에 한 번씩 개최한 경기
아테네 올림픽 1896년에 열린 첫 번째 현대 올림픽

58. 그리스 신화는 왜 이렇게 재미있을까?

그리스 신화는 신과 영웅, 모험과 마법 같은 흥미로운 이야기로 가득해요! 이야기 속에서 신들은 하늘과 바다, 땅을 다스리고 영웅들은 괴물을 물리치거나 낯선 모험을 떠나요. 신화 속에는 세계가 어떻게 만들어졌는지, 계절이 왜 바뀌는지 같은 자연에 대한 재미있는 설명도 들어 있어요. 그리스 신화를 잘 알 수 있는 책 중 가장 유명한 것은 호메로스가 쓴 <일리아스>와 <오디세이아>예요. 특히 트로이 전쟁 이야기는 사람들에게 사랑받는 신화 중 하나랍니다!

tip! 교과 연계 어휘

일리아스 트로이 전쟁을 배경으로 한 고대 그리스의 영웅 이야기
오디세이아 트로이 전쟁 후 영웅 오디세우스가 고향으로 돌아가는 긴 여행 이야기

59. 알렉산드로스 대왕은 누구였을까?

알렉산드로스 대왕은 어린 나이에 그리스의 강력한 지도자가 된 전설적인 왕이에요! 알렉산드로스 대왕은 세계를 정복하고 싶어 했고, 용감하게 군대를 이끌었어요. 시리아와 이집트 같은 고대 문명이 발달한 나라들을 포함하여 많은 땅을 정복했고, 결국 세계에서 가장 넓은 제국을 만들었어요! 알렉산드로스 대왕의 뛰어난 전략과 용기는 지금도 역사 속에서 빛나고 있답니다.

tip! 교과 연계 어휘

정복 남의 나라나 다른 민족과 싸워 차지하거나 다스림
제국 황제가 넓은 영토를 지배하여 다스리던 나라
전략 전쟁을 전체적으로 이끌어 가는 방법

60. 만리장성은 누가 만들었을까?

아주 오랜 옛날, 중국 사람들은 북쪽에서 오는 적을 막기 위해 길고 튼튼한 벽을 쌓기 시작했어요. 만리장성은 기원전 5세기부터 16세기까지 오랜 기간 여러 왕조를 거쳐 만들어졌어요. 길이가 무려 6,400킬로미터나 되는 만리장성은 세계에서 가장 긴 인공 구조물로 유명하답니다! 왕조가 바뀔 때마다 조금씩 더 길고 튼튼한 벽을 쌓아서, 지금 우리가 볼 수 있는 만리장성이 완성되었어요!

tip! 교과 연계 어휘

만리장성 중국 북쪽을 방어하기 위해 만든 세계에서 가장 긴 인공 구조물
왕조 한 나라를 다스린 왕과 그 후손들의 집단
인공 구조물 사람이 만든 건물이나 시설

61. 로마 병사들은 어떤 무기를 썼을까?

고대 로마 군대는 아주 강하기로 유명했어요. 로마 병사들은 칼과 단검을 사용했고, 멀리 있는 적을 공격할 때는 길고 날카로운 창을 던지며 싸웠어요. 또한 커다란 방패로 몸을 보호하고, 단단한 갑옷과 튼튼한 투구를 착용해 더 안전하게 싸울 수 있었지요. 이렇게 강한 무기를 갖춘 로마 군대는 많은 전쟁에서 승리하며 강력한 제국을 만들었답니다.

tip! 교과 연계 어휘

단검 가까운 거리에서 사용하는 짧고 날카로운 칼
갑옷 몸을 보호하기 위해 입는 강한 재질로 만든 옷
투구 머리를 보호하기 위해 착용하는 강한 금속 장비

62. 로마 병사들은 어떻게 그렇게 잘 싸웠을까?

로마 병사들은 싸울 때 아주 체계적인 전술을 사용했어요. 그들은 줄을 맞춰 서서 싸웠고, 뒤쪽에는 언제든 도와줄 병사들이 대기하고 있었어요. 전투가 시작되면 앞줄의 병사들이 적을 향해 창을 던졌어요. 그다음에는 칼을 꺼내 가까이에서 싸웠답니다. 만약 앞줄의 병사들이 다치거나 지치면, 바로 뒤에 있던 병사들이 앞으로 나와 계속 싸웠어요. 이런 전술 덕분에 로마 군대는 강력한 전쟁 기술을 가지고 있었고, 많은 전투에서 승리할 수 있었어요!

tip! 교과 연계 어휘

전술 싸울 때 사용하는 계획과 방법

63. 공룡은 어디서 온 걸까?

공룡은 처음부터 지금 우리가 아는 거대한 모습이 아니었어요. 아주 오랜 세월 동안 양서류와 파충류에서 점점 변하면서 진화했어요. 약 2억 5,000만 년 전, 페름기라는 시대에 아르코사우르스라는 파충류가 살았어요. 이들은 땅 위에서 사냥을 하면서 점점 더 강한 생물이 되었어요. 시간이 지나 트라이아스기(약 2억 년 전)에 접어들면서, 이 파충류들은 점점 몸과 두개골이 커졌어요. 특히 몸 옆쪽에 붙어 있어 기어다니던 다리가 배 아래쪽으로 위치가 바뀌며 걷기에 알맞게 변했지요. 이런 변화 끝에 공룡이 나타났고, 오랫동안 지구를 지배했답니다!

tip! 교과 연계 어휘

공룡 약 2억 5,000만 년 전부터 약 6,600만 년 전까지 지구를 지배한 거대한 동물들
페름기 약 2억 9,000만~2억 4,500만 년 전까지의 시기
트라이아스기 약 2억 4,500만~2억 1,000만 년 전, 공룡이 본격적으로 나타난 시기
두개골 동물의 머리를 이루는 뼈 구조

64. 하늘을 날았던 가장 큰 동물은 뭐였을까?

하늘을 날았던 가장 거대한 동물은 익룡이에요! 익룡은 약 1억 4,000만 년 전에 살았으며, 공룡들과 함께 트라이아스기부터 백악기까지 오랫동안 지구를 지배했어요. 익룡은 '날개 달린 도마뱀'이라고 불렸으며, 아주 강하고 사나운 날짐승이었어요. 크기도 다양했는데, 중국에서 발견된 익룡은 날개 길이가 1.5미터였어요. 하지만 가장 거대한 익룡, 케찰코아틀루스는 날개를 펼치면 무려 11미터나 되었어요! 반면, 가장 작은 익룡인 아누로그나투스는 참새만큼 작았답니다. 뛰어난 시력과 강한 발톱, 뾰족한 이빨을 가진 익룡은 하늘을 자유롭게 날아다니며 먹이를 사냥하던 무서운 포식자였답니다!

tip! 교과 연계 어휘

백악기 약 1억 4,500만~6,500만 년 전까지의 시기
포식자 다른 동물을 먹고 살아가는 동물

65. 최초의 물고기는 어떻게 생겼을까?

물고기는 지구에서 처음 등장한 척추동물이었어요. 최초의 물고기는 턱이 없었어요. 그래서 큰 먹이를 삼킬 수 없었고, 머리에 난 작은 구멍으로 작은 먹이를 빨아들였어요. 턱 없는 물고기의 대표로는 아스트라스피스와 아란다스피스가 있어요. 크기는 약 15센티미터였고, 올챙이처럼 생겼어요. 이들은 주로 얕은 물에서 살았어요. 이 턱 없는 물고기들은 약 4억 9,000만~4억 1,000만 년 전에 존재했어요. 이후 턱이 생기면서 물고기는 더욱 다양하게 진화하게 되었어요!

tip! 교과 연계 어휘

아스트라스피스 턱 없는 물고기 중 하나로, 약 4억 9,000만~4억 1,000만 년 전에 살았음
아란다스피스 또 다른 턱 없는 물고기로, 아스트라스피스와 비슷한 시기에 존재했음

66. 악어는 얼마나 오래전부터 지구에 살았을까?

악어는 공룡보다도 먼저 지구에 살던 동물이에요. 하지만 옛날 악어는 지금의 악어와는 조금 다른 모습이었어요. 과거와 현재를 포함해, '악어과'에 속하는 모든 종을 악어라고 불러요. 우리가 흔히 아는 악어뿐만 아니라, 앨리게이터, 가비알, 카이만도 모두 악어과에 속하는 동물이지요. 이렇게 오랜 세월을 살아온 악어는 지구 역사상 매우 오래된 파충류 중 하나랍니다!

tip! 교과 연계 어휘

악어과 악어가 속한 동물 그룹으로, 여러 종류의 악어가 포함됨
앨리게이터 악어과에 속하는 동물로, 주로 북미와 중국에 서식함
가비알 인도와 네팔에서 주로 발견되는 긴 주둥이를 가진 악어과 동물
카이만 중남미 지역에서 발견되는 악어과 동물

67. 처음 포유류들은 정말 알을 낳았을까?

대부분의 포유류는 새끼를 낳지만, 과학자들은 아주 오래전에 살았던 포유류는 알을 낳았을 가능성이 있다고 생각해요. 그 이유는 지금도 오리너구리와 가시두더지 같은 몇몇 포유류가 알을 낳기 때문이에요. 호주에 사는 이 동물들은 알을 낳지만 새끼에게 젖을 먹여요. 그래서 초기 포유류도 오리너구리처럼 알을 낳았을 거라고 과학자들은 추측하고 있답니다!

tip! 교과 연계 어휘

포유류 새끼에게 젖을 먹여 키우는 동물

68. 지구상에 가장 큰 육상 동물은 뭐였을까?

지구상에서 가장 큰 육상 동물은 공룡이었어요! 그중에서도 용각류에 속한 공룡들이 가장 거대했어요. 이 공룡들은 몸이 엄청나게 컸지만, 머리는 작았지요. 크고 무거운 몸 때문에 빠르게 움직이지는 못했지만, 긴 목과 커다란 꼬리 덕분에 몸의 균형을 잘 맞출 수 있었답니다. 덩치는 커도 초식 공룡이라서 무섭지 않았어요!

tip! 교과 연계 어휘

육상 동물 땅에서 살아가는 동물
용각류 목이 길고 몸집이 큰 초식 공룡 무리
초식 공룡 풀이나 나뭇잎 같은 식물을 먹고 살았던 공룡

69. 가장 큰 공룡은 얼마나 컸을까?

과학자들은 가장 큰 육상 동물, 용각류 공룡 중에서도 암피코엘리아스 프라질리무스가 가장 컸다고 생각해요. 이 공룡의 척추뼈 조각 화석이 발견되었는데, 길이가 1.5미터였어요. 만약 전체 화석이 있었다면, 몸길이가 40~60미터나 되었을 거라고 해요. 정말 어마어마한 크기죠?

tip! 교과 연계 어휘

척추뼈 머리뼈에서 엉덩이까지 이어진 척추를 이루는 하나하나의 뼈

70. 가장 작은 공룡은 얼마나 작았을까?

아주 작은 공룡 중 하나인 콤프소그나투스는 길이가 약 1미터였고, 무게는 닭과 비슷했어요. 하지만 이후에 중국에서 에피덱시프테릭스라는 더 작은 공룡이 발견되었어요. 이 공룡은 크기가 25~30센티미터밖에 되지 않았는데, 꼬리에는 몸만큼 긴 깃이 달려 있었다고 해요!

tip! 교과 연계 어휘

콤프소그나투스 쥐라기 후기에 독일에 살았던 작은 육식 공룡
에피덱시프테릭스 쥐라기 중기에 중국에서 살았던 깃털 달린 공룡

71. 공룡은 어디에서 살았을까?

과학자들은 공룡이 모든 대륙에서 살았을 거라고 생각해요. 하지만 공룡이 어떤 환경에서 살았는지 정확히 아는 것은 어려워요. 왜냐하면 공룡의 화석이 발견된 곳이 많지 않기 때문이에요. 그래도 발견된 화석을 연구한 결과 공룡들은 숲, 강가, 평원 등 다양한 곳에서 살았을 거라고 생각한답니다!

tip! 교과 연계 어휘

평원 평평한 들판

72. 화석은 어떻게 만들어졌을까?

화석은 오랜 시간 동안 다양한 방법으로 만들어져요. 어떤 화석은 뜨거운 날씨 때문에 동물의 몸이 말라서 생기고, 어떤 화석은 동물이 수천 년 동안 얼음 속에 갇혀 만들어지기도 해요. 그래서 빙하 시대에 살았던 동물들의 화석을 발견할 수 있었지요. 또, 물질이 탄소로 변하면서 바위나 나무에 검은 흔적을 남기는 탄소화 과정으로 화석이 만들어지기도 해요. 이런 여러 가지 방법으로 만들어진 화석을 살펴보며 오래전 동식물의 모습을 관찰하고 생물의 진화를 연구할 수 있어요.

tip! 교과 연계 어휘

화석 땅속에 동식물의 뼈나 활동 흔적 등이 묻혀서 보존되어 남아 있는 것
빙하 시대 얼음이 전 세계의 육지를 넓게 덮었던 시대

73. 공룡은 무엇을 먹었을까?

공룡마다 먹는 음식이 달랐어요. 초식 공룡은 나뭇잎, 열매, 꽃 같은 식물을 먹었어요. 반면, 육식 공룡은 다른 동물을 사냥해서 먹었어요. 공룡 시대에는 동물보다 식물이 훨씬 많았어요. 그래서 초식 공룡이 많았고, 그 초식 공룡을 먹는 육식 공룡도 있었답니다!

74. 공룡은 얼마나 빨리 달릴 수 있었을까?

공룡마다 달리는 속도가 달랐어요. 작은 공룡들은 아주 빠르게 달릴 수 있었고, 어떤 공룡은 경주마처럼 시속 64킬로미터까지 달렸어요. 공룡의 달리기 속도는 시속 37~88킬로미터로 다양했어요. 가장 빠른 공룡은 오늘날 북아메리카에 사는 가지뿔영양과 비슷한 속도로 달릴 수 있었답니다!

tip! 교과 연계 어휘

속도 얼마나 빠르게 움직이는지 나타내는 것

75. 공룡들은 왜 사라졌을까?

공룡은 백악기 마지막 1천만 년 동안 점점 사라졌어요. 지구의 날씨가 추워지고 건조해지면서 살기가 어려워졌기 때문이에요. 게다가 아주 큰 소행성이 멕시코 유카탄 반도에 떨어졌어요. 이 충격으로 하늘에 먼지가 가득 차면서 햇빛이 가려졌고, 지구는 더욱 추워졌어요. 또, 화산이 폭발하면서 용암과 화산재, 독성 가스가 퍼졌어요. 이런 변화 때문에 공룡은 살아남지 못하고 멸종하고 말았답니다.

tip! 교과 연계 어휘

- **소행성** 태양의 둘레를 공전하는 작은 행성
- **화산 폭발** 화산에서 용암과 가스가 나오는 현상
- **용암** 화산에서 나오는 녹은 돌로, 지구 표면에 큰 영향을 미침
- **화산재** 화산 폭발 시 나오는 미세한 먼지로, 대기 중에 퍼지며 지구 환경을 변화시킴
- **멸종** 어떤 생물이 모두 사라지는 것

76. 우주에 처음 발사된 인공위성은 뭐였을까?

1957년 러시아는 '스푸트니크 1호'라는 인공위성을 우주로 보냈어요. 금속 공처럼 생긴 이 위성은 4개의 안테나가 길게 붙어 있었어요. 스푸트니크 1호가 지구를 한 바퀴 도는 데는 96.2분이 걸렸어요. 스푸트니크 1호 덕분에 많은 나라들이 우주 탐사에 관심을 가지게 되었고, 과학자들은 지구 대기에 대해 더 많이 알 수 있었어요!

tip! 교과 연계 어휘

인공위성 우주에 설치되어 지구와의 통신, 날씨 관측 등을 수행하는 기계

지구 대기 지구를 둘러싸고 있는 공기의 층

77. 라이카는 누구였을까?

라이카는 최초로 우주에 간 개예요. 사람보다 먼저 우주에 갔지요. 라이카는 세 살 된 믹스견으로, 1957년 11월 러시아의 스푸트니크 2호를 타고 우주로 보내졌어요. 하지만 당시에는 우주에서 안전하게 돌아오는 기술이 없어서, 라이카는 지구로 돌아오지 못했어요. 라이카는 인류의 우주 탐사를 위해 중요한 역할을 한 동물로 기억되고 있답니다.

tip! 교과 연계 어휘

우주 지구와 수많은 별들이 존재하는 거대한 공간

우주 탐사 우주에 대한 연구와 탐험 활동

78. 우주로 보내진 가장 큰 로켓은?

우주로 보내진 가장 크고 강력한 로켓은 새턴 V예요. 이 토켓은 높이가 111미터나 되었고, 매우 강한 추진력을 가졌어요. 미국 항공 우주국은 이 거대한 로켓을 조립하기 위해 '수직 조립 건물'이라는 새로운 건물을 만들었어요. 새턴 V는 12번이나 발사되었고, 모두 성공했어요! 이 로켓은 사람을 달로 보내는 데 중요한 역할을 했답니다.

tip! 교과 연계 어휘

로켓 고온 고압의 가스를 내뿜으며 나아가는 장치 또는 비행물
추진력 로켓이 우주로 나아가기 위해 필요한 힘

79. 로켓은 어떻게 우주선을 우주로 보낼까?

우주선은 우주 공간을 비행하기 위한 탈것이에요. 우주선 안에는 우주 비행사, 인공위성, 탐사 로봇, 실험 장비 같은 것들이 실려 있지요. 땅에서 하늘로 쏘아 올리는 모든 물체는 로켓이라고 할 수 있어요. 로켓이 발사되면 안에 있는 압축된 연료가 타면서 로켓을 하늘로 빠르게 밀어 올려요. 이 엄청난 힘이 우주선이 지구의 중력에서 벗어나 우주로 나갈 수 있게 하지요. 이렇게 해서 로켓은 인공위성을 지구 궤도로 보내거나, 우주 비행사를 달이나 화성 같은 먼 곳으로 보낼 수 있답니다.

tip! 교과 연계 어휘

지구 궤도 인공위성이 지구 주위를 도는 궤도

80. 우주에도 망원경이 있을까?

네! 우주에도 망원경이 있어요. 그중 가장 유명한 것은 허블 우주 망원경이에요. 이 망원경은 1990년에 우주로 보내졌고, 지구를 약 97분마다 한 바퀴 돌면서 우주의 멋진 사진을 찍어 지구로 보내고 있어요. 허블 우주 망원경 덕분에 과학자들은 먼 우주에 있는 별과 은하를 더 자세히 관찰할 수 있게 되었어요!

허블 우주 망원경은
지구를 돌면서 우주의
사진을 찍고 있어.

tip! 교과 연계 어휘

망원경 먼 곳의 물체를 확대해서 볼 수 있는 도구
은하 수많은 별과 가스, 먼지 등이 모여 있는 아주 큰 별들의 모임

81. 달의 모양은 왜 계속 변할까?

달은 스스로 빛을 내지 않고, 태양 빛을 받아 반사해요. 그런데 달이 지구 주위를 돌면서 태양 빛이 비치는 부분이 조금씩 달라져요. 그래서 우리가 하늘에서 보는 달의 모양이 초승달, 반달, 보름달로 변하는 것처럼 보이는 거예요! 이 과정은 약 29.5일 동안 반복된답니다.

지구를 공전하면서,
태양 빛을 반사하는 부분이 달라져서
달의 모양이 변하는 거야!

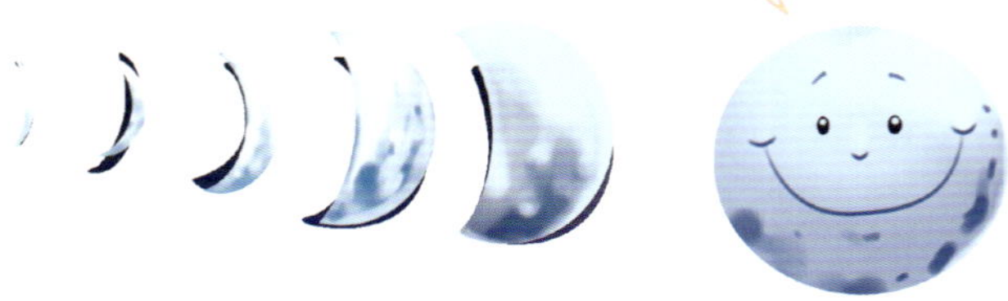

tip! 교과 연계 어휘

달 지구의 위성으로, 태양 빛을 반사해 빛나는 천체
위성 다른 천체 주위를 도는 작은 천체
초승달 달의 모양 중 하나로, 태양 빛이 비치는 부분이 작게 보이는 달
반달 달의 모양 중 하나로, 태양 빛이 반쯤 비춰 반원으로 보이는 달
보름달 달의 모양 중 하나로, 태양 빛이 달 전체에 비춰 둥근 원 모양으로 보이는 달

82. 우연히 발견된 행성이 있다고?

천왕성은 1791년, 과학자 윌리엄 허셜이 우연히 발견한 행성이에요. 그전까지 천문학자들은 천왕성을 그냥 별이라고 생각했어요. 하지만 허셜은 이 '별'이 다른 별들과 다르게 움직인다는 걸 알아차렸어요. 그래서 천왕성이 새로운 행성이라는 걸 밝혀냈고, 그렇게 태양계의 일곱 번째 행성이 추가되었답니다!

tip! 교과 연계 어휘

별 하늘에서 빛나는 뜨겁고 큰 공 모양의 천체
천문학자 우주와 천체를 연구하는 전문가들
행성 별이 아닌, 태양 주위를 도는 큰 천체
태양계 태양을 중심으로 여러 행성, 위성, 소행성 등이 함께 도는 우주의 한 부분

83. 천왕성에는 위성이 몇 개나 있을까?

지구에 있는 달처럼 행성 주위를 도는 천체를 '위성'이라고 불러요. 천왕성에는 27개의 위성이 있어요. 이 위성들은 크기도 다르고, 어떤 것은 바위로, 어떤 것은 얼음으로 이루어져 있어요. 가장 작은 위성 미란다에는 태양계에서 가장 큰 절벽인 베로나 절벽이 있는데, 무려 20킬로미터나 된답니다. 천왕성의 위성들은 영국 작가 셰익스피어와 알렉산더 포프의 작품 속 인물들의 이름을 따서 지어졌어요. 아리엘은 천왕성의 위성 중 가장 밝은 위성으로 알려져 있어요.

tip! 교과 연계 어휘

셰익스피어 <햄릿>, <로미오와 줄리엣>으로 유명한 영국의 극작가이자 시인

84. 행성들은 왜 태양 주위를 돌까?

행성들은 태양 주위를 계속 돌고 있어요. 이것을 공전이라고 하는데, 그 이유는 중력 때문이에요! 태양은 아주 크고 무거운 별이라서 강한 중력을 가지고 있어요. 이 중력이 행성들을 끌어당기지만, 동시에 행성들은 빠른 속도로 움직이고 있어서 태양으로 끌려가 부딪치지 않고 주위를 도는 거예요. 이런 원리를 처음 설명한 사람이 바로 과학자 아이작 뉴턴이에요. 그는 '모든 물체는 서로 끌어당긴다.'는 만유인력의 법칙을 세웠어요. 이 법칙으로 행성이 공전하는 형태와 속도 등을 설명할 수 있었어요.

tip! 교과 연계 어휘

공전 행성이 태양 주위를 도는 움직임
만유인력의 법칙 모든 물체는 서로 끌어당긴다는 뉴턴이 발견한 자연의 법칙

85. 최초로 우주에 간 여성은 누구였을까?

발렌티나 테레시코바는 1963년, 우주를 비행한 첫 번째 여성이에요. 그녀는 러시아의 우주 비행사로, 보스토크 6호를 타고 우주로 떠났어요. 테레시코바는 지구를 48번 돌며 약 70시간 동안 우주에서 생활했어요. 우주 비행을 성공적으로 마치고 무사히 지구에 돌아온 테레시코바는 '소련(러시아의 옛 국가명)의 영웅'으로 유명해졌답니다!

tip! 교과 연계 어휘

발렌티나 테레시코바 1963년 우주를 비행한 첫 번째 여성 우주 비행사

86. 아폴로 11호는 어떤 임무를 맡았을까?

1961년, 미국 대통령 케네디는 인간을 달에 보내겠다는 목표를 세웠어요. 이 목표는 1969년 7월 16일, 아폴로 11호가 발사되면서 현실이 되었어요. 우주 비행사 닐 암스트롱과 에드윈 올드린은 달 표면을 직접 걸었고, 마이클 콜린스는 궤도에서 실험을 하고 사진을 찍었어요. 우주 비행사들은 달에 미국 국기를 세우며 역사적인 순간을 남겼어요. 암스트롱은 "인간에게는 작은 한 걸음이지만, 인류에게는 거대한 도약이다."라는 유명한 말을 남기며, 달에 첫발을 내디딘 사람이 되었답니다!

tip! 교과 연계 어휘

아폴로 11호 1969년에 달에 처음으로 착륙한 미국의 우주선

87. 달에서 처음 자동차를 운전한 사람은?

1971년 7월 31일, 아폴로 15호의 우주 비행사 데이비드 스콧과 제임스 어윈이 달에서 자동차를 운전했어요. 이 달 탐사 자동차는 '루나 로버'라고 불리는 특별한 전기차였어요. 지구 밖에서 자동차를 운전한 것은 이때가 처음이었어요! 두 명이 탈 수 있는 이 탐사차는 단, 17개월 만에 만들어졌고, 달 표면을 더 멀리 탐사하는 데 큰 도움을 줬답니다.

tip! 교과 연계 어휘

아폴로 15호 달 탐사차를 이용해 달 표면을 탐사하는 우주 임무를 맡았던 미국의 우주선

달 탐사차 달에서 우주 비행사들이 사용한 자동차

88. 우리는 왜 우주로 둥둥 떠오르지 않을까?

중력은 우리가 땅에 붙어 있도록 해 주는 힘이에요. 지구가 우리 몸을 끌어당기기 때문에 공중으로 떠오르지 않는 거예요. 만약 중력이 없다면 우리는 공중에 둥둥 떠다니며 살아야 한답니다.

89. 월식이 일어나는 이유는 뭘까?

월식은 보름달이 뜰 때 일어나요. 이때 달이 지구의 그림자 속으로 들어가 태양 빛을 받지 못하게 되면, 환하게 빛나던 보름달이 어두워지거나 붉게 보이게 돼요. 그래서 보름달은 가장 밝게 빛나는 달이지만, 때때로 가장 어두워지기도 한답니다!

tip! 교과 연계 어휘

월식 달이 지구의 그림자에 가려 일부나 전부가 가려짐

90. 소행성은 무엇일까?

소행성은 크기가 작은 돌덩이처럼 생긴 우주 물체예요. 소행성은 태양계가 생길 때 남겨진 우주의 조각들인데, 주로 화성과 목성 사이에 있어요. 소행성들도 태양 주위를 돌지만, 행성보다는 훨씬 작아요. 어떤 소행성은 지구 가까이에서도 발견되기도 해요!

tip! 교과 연계 어휘

소행성 태양의 주위를 공전하는 작은 천체로, 작은 돌멩이만 한 것부터 수백 킬로미터에 이르는 것까지 크기가 다양함

91. 소행성은 정말 지구와 충돌할 수 있을까?

소행성 중 일부는 지구 가까이에서 발견되며, 때때로 소행성에서 작은 조각들이 떨어져 나와 우주를 떠다니기도 해요. 이런 작은 암석들을 '유성체'라고 불러요. 유성체는 지구 대기로 들어오는 중에 엄청난 속도로 공기와 마찰하면서 불이 붙어요. 대부분은 공기 중에서 타 버리지만, 때로는 완전히 타지 않은 조각들이 땅으로 떨어지기도 한답니다!

tip! 교과 연계 어휘

유성체 우주에 떠다니는 작은 돌이나 먼지 조각으로, 지구 대기와 부딪히면 별똥별이 되는 것

92. 소행성대란 무엇일까?

소행성대는 태양 주위를 도는 수많은 소행성이 모여 있는 지역이에요. 화성과 목성 사이가 가장 대표적인 소행성대예요. 소행성대에서 가장 큰 소행성은 세레스인데, 전체 소행성대의 약 4분의 1을 차지할 정도로 크기가 크답니다!

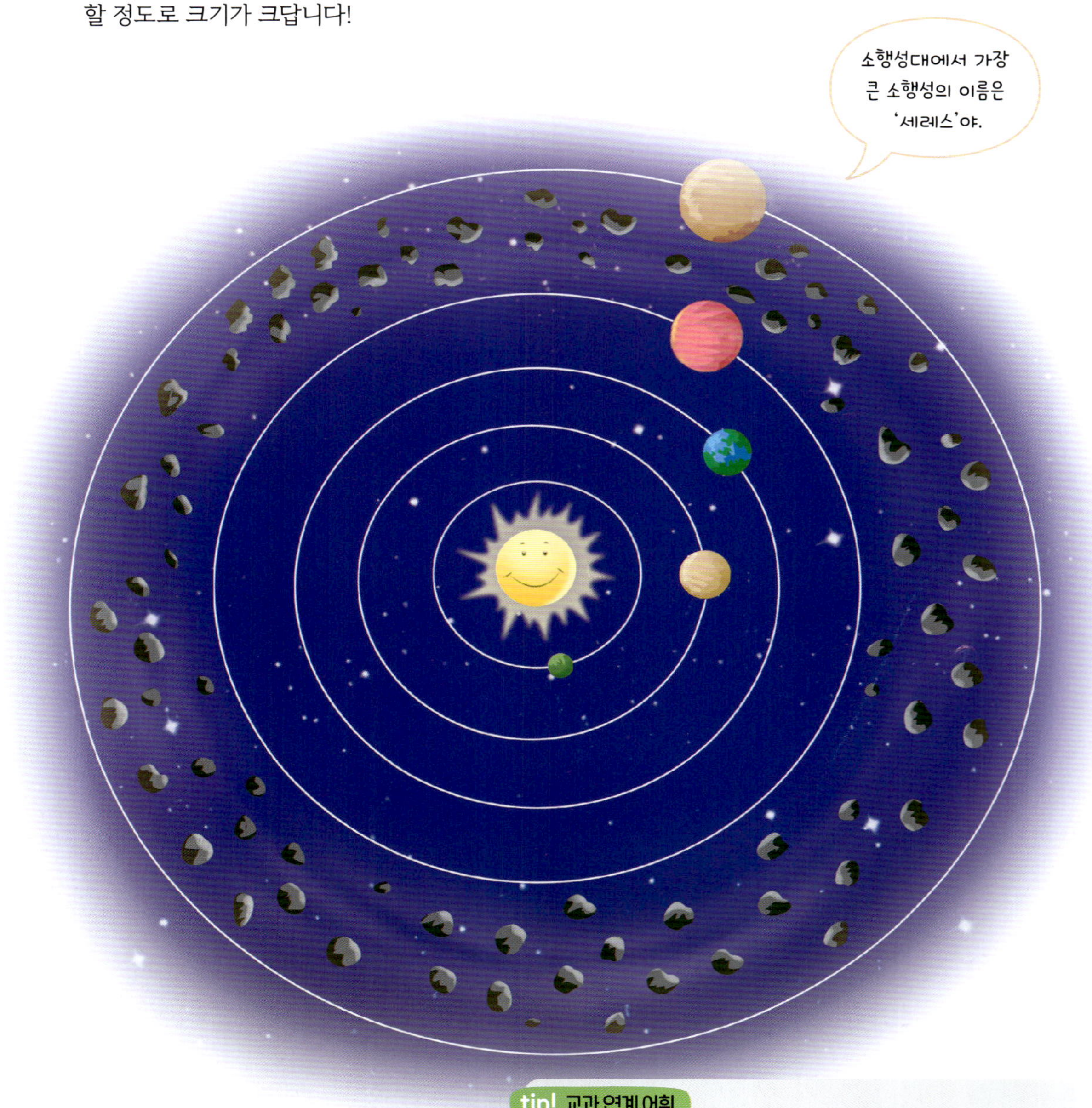

tip! 교과 연계 어휘

행성 태양 주위를 돌며, 궤도가 깨끗하고, 둥글고 큰 천체
소행성 태양 주위를 돌며, 작고 돌처럼 불규칙하게 생긴 작은 천체

93. 일식은 왜 생기는 걸까?

일식은 달이 태양과 지구 사이를 지나면서 태양을 가릴 때 일어나요. 달이 태양을 완전히 가리면 개기 일식, 일부만 가리면 부분 일식이라고 불러요. 낮인데도 하늘이 갑자기 어두워지는 신기한 순간이랍니다!

tip! 교과 연계 어휘

일식 달이 태양과 지구 사이를 지나면서 태양을 가리는 현상
개기 일식 달이 태양을 완전히 가려 태양이 보이지 않는 현상
부분 일식 달이 태양의 일부만 가리는 현상

94. 광년은 어떤 거리를 말하는 걸까?

우주는 너무 넓어서 거리를 미터나 킬로미터로 재기가 어려워요. 그래서 과학자들은 우주에서 거리를 잴 때 '광년'이라는 특별한 단위를 사용해요. 1광년은 빛이 1년 동안 이동하는 거리로, 약 9조 5천억 킬로미터나 된답니다! 정말 어마어마한 거리죠?

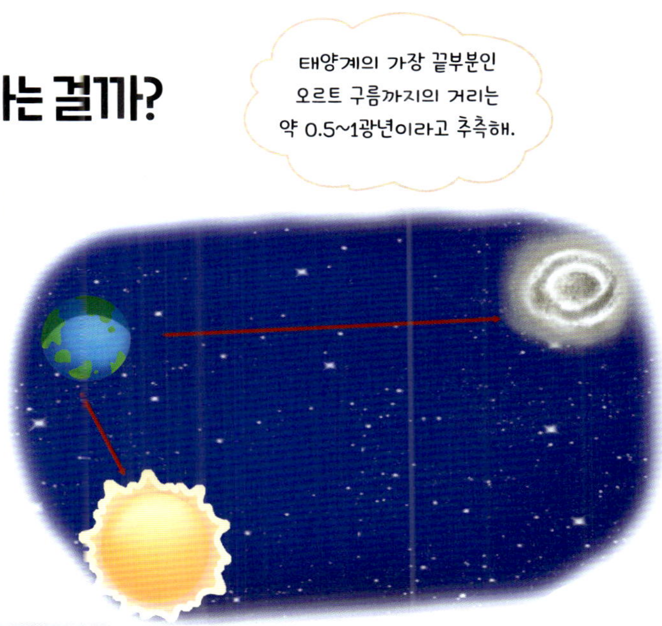

tip! 교과 연계 어휘

광년 우주에서 거리를 재는 단위로, 빛이 1년 동안 이동하는 거리
1광년은 약 9조 5천억 킬로미터
오르트 구름 무수한 얼음 천체로 이루어진 구역으로, 마치 구름처럼 보임

95. 태양계는 얼마나 클까?

태양계는 정말 엄청나게 커요! 태양을 중심으로 모든 행성이 태양 주위를 돌고 있죠. 과학자들은 지구와 태양 사이의 거리가 약 1억 5천만 킬로미터라고 계산했어요. 태양은 지구보다 백만 배나 크지만, 아주 멀리 있어서 작아 보이는 거예요. 태양계는 한쪽 끝에서 반대쪽 끝까지 빛의 속도로 가더라도 수많은 시간이 걸릴 정도로 아주 크답니다!

tip! 교과 연계 어휘

빛의 속도 빛이 이동하는 속도로, 1초에 약 30만 킬로미터를 이동함

96. 태양계에는 행성이 몇 개나 있을까?

태양계에는 8개의 행성이 있어요! 바로 수성, 금성, 지구, 화성, 목성, 토성, 천왕성, 해왕성이에요. 수성은 태양에 제일 가깝고, 해왕성은 가장 멀리 있어요. 예전에는 명왕성을 아홉 번째 행성으로 포함시켰지만, 지금은 왜소행성으로 불러요. 그리고 명왕성 말고도 에리스, 세레스 같은 작은 왜소행성들이 있답니다!

tip! 교과 연계 어휘

왜소행성 명왕성처럼 태양 주위를 돌며 둥근 모양이지만, 행성보다 크기가 작은 천체
태양계 행성 태양계에 있는 8개의 주요 행성(수성, 금성, 지구, 화성, 목성, 토성, 천왕성, 해왕성)

97. 행성들은 얼마나 오래됐을까?

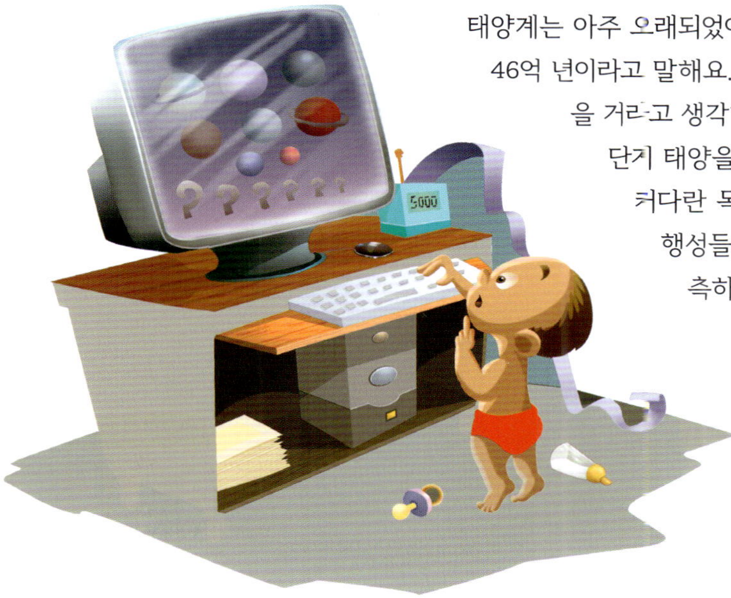

태양계는 아주 오래되었어요. 과학자들은 지구의 나이가 약 46억 년이라고 말해요. 다른 행성들도 지구만큼 오래되었을 거라고 생각하지만, 확실한 증거는 아직 없어요. 단지 태양을 중심으로 돌고 있는 행성 중 가장 커다란 목성과 토성이 먼저 생긴 뒤, 나머지 행성들도 비슷한 시기에 생겼을 거라고 추측하고 있지요.

98. 지구를 왜 파란 행성이라고 부를까?

우리가 사는 지구는 '파란 행성'이라고 불려요! 왜냐하면 지구의 약 70%가 물로 덮여 있어서, 우주에서 보면 파랗게 보이거든요. 또, 지구의 하늘도 파란색이라서 '파란 행성'이라는 별명이 붙었답니다!

tip! 교과 연계 어휘

파란 행성 지구의 별명으로, 물과 하늘 때문에 파랗게 보여서 붙여진 이름

99. 달은 정말 지구에서 멀어지고 있을까?

달은 천천히 지구에서 멀어지고 있어요. 달의 중력 때문에 지구에 밀물과 썰물이 생기고, 이로 인해 바닷물과 지구 표면 사이에 마찰이 생겨 지구의 자전 속도가 아주 조금씩 느려져요. 지구의 회전이 느려지는 대신, 그 에너지가 달에게 전달돼서 달은 점점 더 먼 곳으로 밀려나게 되는 거예요. 그래서 과학자들은 달이 매년 약 3.8센티미터씩 지구에서 멀어진다고 말해요.

100. 태양은 얼마나 클까?

태양은 정말 거대해요! 태양은 태양계 전체 질량의 약 99%를 차지할 만큼 커요. 태양 안에는 지구가 무려 130만 개나 들어갈 수 있답니다. 그리고 태양은 엄청나게 무거워서, 지구 약 33만 개를 합친 정도의 무게라고 해요!

tip! 교과 연계 어휘

질량 물체에 들어 있는 물질의 양을 나타내는 값

101. 태양은 무엇으로 이루어져 있을까?

태양은 뜨거운 불덩이처럼 보이지만, 사실 대부분은 수소와 헬륨이라는 가스로 이루어져 있어요! 태양의 약 72%는 수소, 약 26%는 헬륨으로 되어 있고, 나머지 약 2%에는 산소·탄소·네온 같은 여러 원소가 포함되어 있답니다. 태양 안에서는 수소가 헬륨으로 바뀌는 핵융합 반응이 일어나서, 밝게 빛나고 뜨거운 에너지를 만들어 낼 수 있어요!

tip! 교과 연계 어휘

핵융합 반응 가벼운 원자(수소)들이 합쳐져 무거운 원자(헬륨)가 되면서 빛과 열을 만들어 내는 반응

102. 태양은 얼마나 뜨거울까?

태양은 정말 뜨거워요! 태양 표면의 온도는 약 섭씨 5,600도예요. 그런데 태양 안쪽으로 더 깊이 들어가면 온도가 점점 올라가요. 태양의 중심부는 무려 섭씨 1,500만 도나 될 만큼 엄청나게 뜨겁답니다. 하지만 다행히도 태양이 멀리 있어서 우리는 그 열에 타지 않고 안전하게 살 수 있어요!

tip! 교과 연계 어휘

섭씨 물의 어는점(0도)과 끓는점(100도)을 기준으로 온도를 나타내는 단위

103. 밤이 되면 태양은 어디로 갈까?

태양은 사실 움직이지 않아요. 움직이는 건 바로 지구예요! 둥글게 생긴 지구는 자전축을 중심으로 하루에 한 바퀴씩 돌아요. 그래서 한쪽은 태양을 보면서 낮이 되고, 반대쪽은 태양을 등져서 밤이 되는 거예요. 우리가 잠을 자는 밤에 반대편 나라에 있는 친구들은 밝은 낮을 보내고 있답니다!

tip! 교과 연계 어휘

자전 지구가 자신의 축을 중심으로 하루에 한 바퀴 도는 회전
자전축 지구가 자전하는 중심선, 이 축을 중심으로 하루에 한 바퀴 회전함

104. 달은 어떻게 빛나는 걸까?

달은 스스로 빛을 내지 않아요. 우리가 달을 볼 수 있는 이유는 태양 빛이 달에 닿아서 반사되기 때문이에요. 하지만 달은 태양처럼 밝게 빛나지는 않아요. 달 표면이 태양 빛의 대부분을 흡수하고, 약 7%만 반사하기 때문에 부드럽고 은은하게 빛나는 거랍니다!

tip! 교과 연계 어휘

천체 우주에 존재하는 모든 물체
달 지구 주위를 돌면서 태양 빛을 반사하여 빛나는 천체

105. 달에는 누가 살까?

밤하늘에 떠 있는 달을 보면 사람 얼굴처럼 보이는 무늬가 있어요. 하지만 달에는 사람이 없어요. 얼굴처럼 보이는 건 달 표면이 울퉁불퉁해서, 어떤 곳은 어둡고 어떤 곳은 밝아 보이기 때문이에요. 사람들은 달을 연구하기 위해 우주 탐사선을 보내기도 했어요. 닐 암스트롱은 달에 간 첫 번째 사람이었어요. 하지만 달에는 아무도 살고 있지 않았답니다!

106. 가장 큰 위성을 가진 행성은 어디일까?

태양계에서 가장 큰 위성을 가진 행성은 목성이에요. 목성에는 가니메데라는 이름의 아주 큰 위성이 있어요. 가니메데의 지름은 약 5,268킬로미터로, 지구 지름의 약 3분의 2정도나 되고, 수성과 명왕성보다도 더 크답니다!

tip! 교과 연계 어휘

- **위성** 행성 주위를 공전하는 천체
- **목성** 태양계 행성 중에서 가장 큰 천체
- **가니메데** 목성의 위성 중 제일 크고 밝으며, 태양계에서 가장 큰 위성

107. 행성과 위성은 뭐가 다를까?

행성과 위성은 도는 대상이 달라요. 행성은 태양 같은 별 주위를 돌고, 위성은 행성 주위를 돌아요. 예를 들어, 지구는 태양 주위를 도니까 행성이고, 달은 지구 주위를 도니까 위성이에요!

tip! 교과 연계 어휘

행성 태양과 같은 별 주위를 공전하는 천체
위성 행성 주위를 공전하는 천체
태양 지구를 포함한 태양계의 중심에 있는 별

108. 우주에도 눈이 있을까?

우주에도 눈과 비슷한 것이 있답니다! 혜성은 대부분 얼음으로 이루어져 있어요. 먼지와 돌도 섞여 있지만, 얼음이 많아서 커다란 눈덩이처럼 보여요. 혜성은 우주를 빠르게 날아다니는 거대한 얼음덩어리예요!

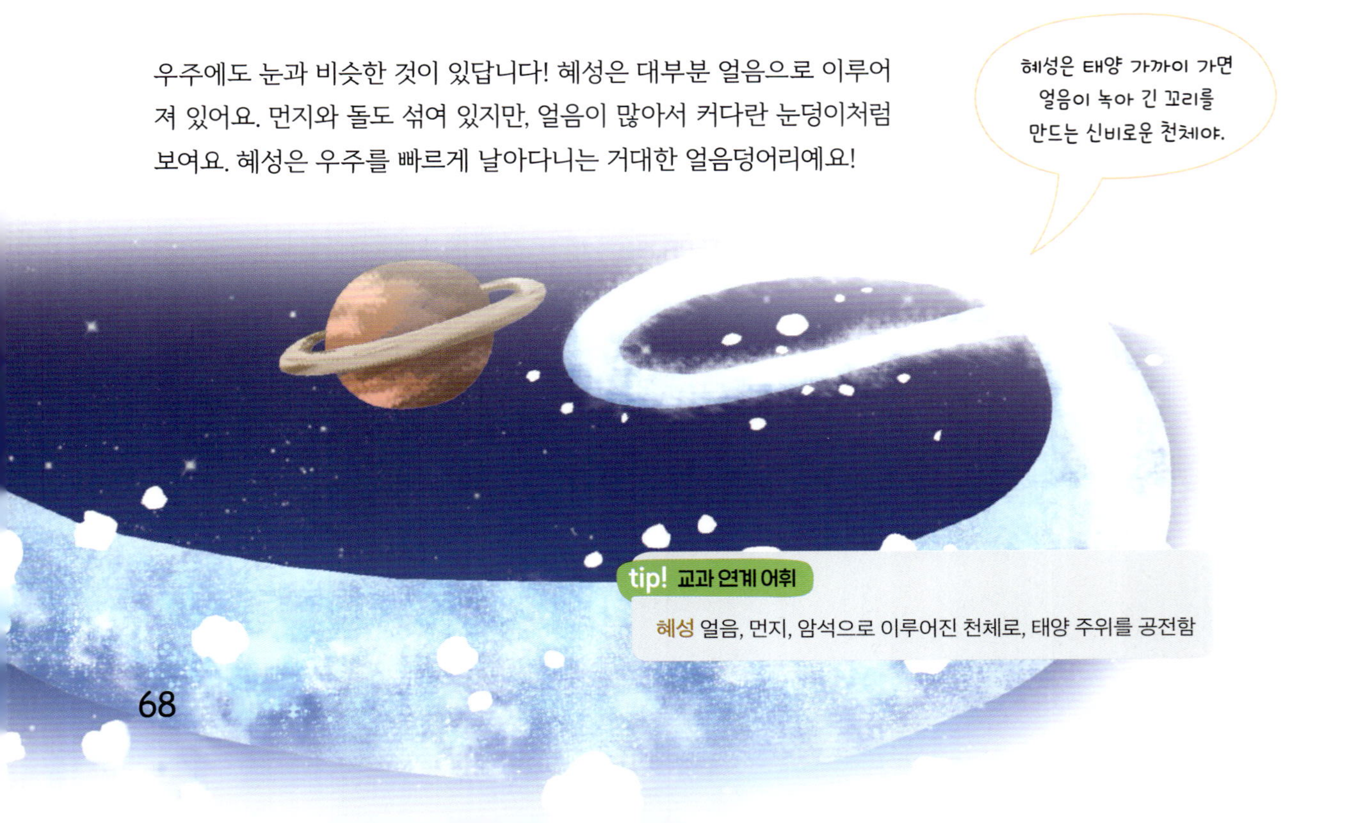

tip! 교과 연계 어휘

혜성 얼음, 먼지, 암석으로 이루어진 천체로, 태양 주위를 공전함

109. 별똥별은 뭘까?

별똥별을 보며 소원을 빌어 본 적이 있나요? 사실 별똥별은 하늘에서 떨어지는 진짜 별이 아니에요! 우주에서 빠르게 날아다니던 돌멩이(유성체)가 지구로 떨어질 때 대기와 마찰을 일으켜 엄청난 열이 나면서 타는 것이지요. 이때 생기는 빛 때문에 밤하늘에 긴 꼬리를 그리는 것이랍니다!

tip! 교과 연계 어휘

대기 지구를 둘러싸고 있는 공기의 층
유성 지구의 대기권 안으로 들어와 빛을 내며 떨어지는 작은 물체

110. 태양 주위를 가장 빠르게 도는 행성은 어디일까?

태양과 가장 가까운 행성은 수성이에요. 수성은 태양 가까이에 있고, 태양의 강한 중력의 영향을 많이 받기 때문에 공전 속도도 아주 빨라요. 수성은 태양 주위를 한 바퀴 도는 데 88일밖에 걸리지 않아요. 반면, 지구는 태양을 한 바퀴 도는 데 365일이 걸린답니다!

tip! 교과 연계 어휘

공전 행성이 태양 주위를 도는 움직임

111. 태양계에서 가장 뜨거운 행성은 어디일까?

태양계에서 가장 뜨거운 행성은 금성이에요. 금성은 태양에서 두 번째로 가까운 행성이지만, 대기가 매우 두꺼워 열을 가두기 때문에 표면 온도가 약 섭씨 464도나 된답니다! 또, 금성에서는 아주 강한 바람이 불어요!

tip! 교과 연계 어휘

금성 태양계에서 가장 뜨거운 행성이자, 태양에서 두 번째로 가까운 행성

112. 고리를 가진 행성은 어디일까?

태양계에는 고리가 있는 행성이 네 개 있어요. 바로 목성, 토성, 천왕성, 그리고 해왕성이에요! 그중에서도 토성이 가장 뚜렷한 고리를 가지고 있어요. 토성의 고리는 작은 얼음 조각과 먼지가 모여 만들어진 거랍니다!

tip! 교과 연계 어휘

고리 행성 주위를 도는 작은 얼음 조각과 먼지들이 모여 만들어진 구조

113. 우주에 별은 몇 개나 있을까?

우주에는 엄청나게 많은 별이 있어요! 별들이 모여서 은하를 만들어요. 과학자들은 우주에 수십억 개의 은하가 있고, 각 은하에는 수십억 개의 별이 있다고 해요. 우리가 사는 지구가 포함된 은하수에는 약 2천억 개의 별이 있답니다!

tip! 교과 연계 어휘

은하 별, 먼지, 기체가 모여 있는 거대한 우주 집합체
은하수 태양계가 속한 은하로, 약 2천억 개의 별이 포함되어 있음

114. 은하는 어떤 곳일까?

은하는 수많은 별, 먼지, 그리고 기체가 모여 있는 거대한 집합체예요. 많은 은하는 둥근 원반 모양을 하고 있고, 중력 덕분에 그 모양이 유지돼요. 은하는 너무 커서, 빛처럼 빠른 속도로 가도 가로지르는 데 수만 년에서 수십만 년이 걸린답니다!

115. 우리은하는 왜 은하수라고 부를까?

우리가 사는 은하는 '은하수'라고 부르기도 해요. 밤하늘을 보면 빽빽하게 모인 별들이 밝은 띠처럼 보여요. 마치 하늘에 하얀 강이 흐르는 것처럼 보이기 때문에 '은하수'라는 이름이 붙었어요. 은하수의 한끝에서 다른 끝까지 가려면 약 10만 광년이나 걸린답니다!

116. 모든 은하는 똑같이 생겼을까?

아니에요! 모든 은하는 크기와 모양이 달라요. 어떤 은하는 혼자 있고, 어떤 은하는 짝을 이루어요. 또, 여러 은하가 모여 거대한 은하단을 만들기도 해요. 우리은하는 중심에 별들로 이루어진 막대 모양을 둘러싼 나선 형태이랍니다!

우리은하에서
가장 가까운 대형 은하는
안드로메다 은하로,
약 250만 광년 떨어져 있어요.

tip! 교과 연계 어휘

은하단 수십 개의 은하로 이루어진 은하의 집단

117. 적색 거성은 어떤 별일까?

적색 거성은 아주 커다란 별이에요. 태양보다 10배에서 수백 배 더 크지요. 표면 온도가 낮아서 붉게 빛나기 때문에 '적색 거성'이라고 불러요. 별이 수명이 다할 때쯤 적색 거성이 되는 경우가 많아요!

tip! 교과 연계 어휘

적색 거성 별이 나이가 들어 부풀어 오르고 식으면서 붉게 보이는 큰 별
별 우주에서 빛을 내며 에너지를 방출하는 천체

118. 별자리는 어떤 걸 말하는 걸까?

별자리는 밤하늘에 보이는 별들이 만든 그림이에요. 예전부터 사람들은 별들을 이어서 동물이나 사람 모양을 만들었어요. 유명한 별자리에는 큰곰자리, 작은곰자리, 그리고 전사의 몸처럼 보이는 오리온자리가 있어요!

tip! 교과 연계 어휘

별자리 밤하늘의 별들이 이어져서 만든 모양이나 그림
큰곰자리 북반구에서 볼 수 있으며, 북두칠성이 포함된 별자리
작은곰자리 큰곰자리와 가까운 별자리로, 북극성을 포함한 별자리
오리온자리 전사처럼 보이는 별자리로, 겨울철에 잘 보임

119. 천문학은 어떤 공부일까?

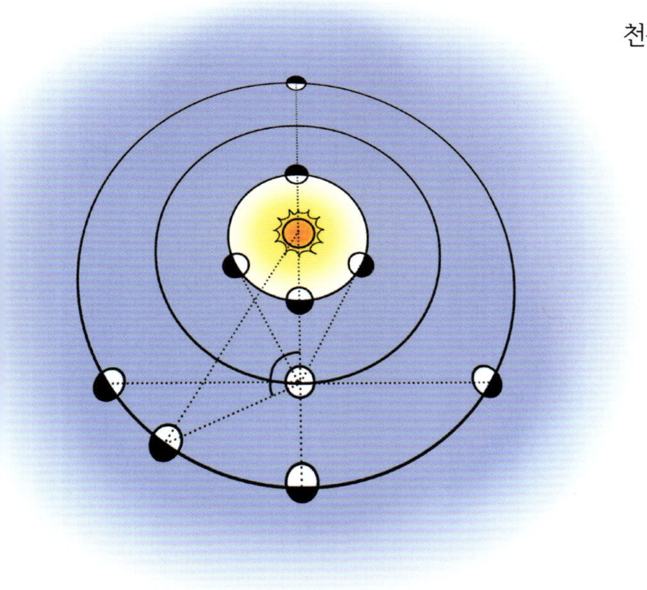

천문학은 우주에 있는 별, 행성, 은하를 연구하는 과학이에요. 옛날 사람들은 천문학을 이용해 별의 위치를 알아보고, 계절을 예측했어요. 지금은 과학자들이 망원경과 우주선을 이용해 우주를 더 자세히 연구하고 있답니다!

tip! 교과 연계 어휘

천문학 우주의 구조, 천체의 생성과 진화, 움직임 등을 전문적으로 연구하는 학문

예측 미리 헤아려 짐작함

120. 오로라는 왜 생기는 걸까?

오로라는 북극과 남극에서 볼 수 있는 아름다운 빛이에요. 하늘이 형광 녹색이나 붉은색으로 빛나면서 춤추듯 움직여요. '오로라'라는 이름은 로마 신화에 나오는 새벽의 여신 이름에서 따왔어요. 북극에서 보이는 오로라는 '북극광', 남극에서 보이는 오로라는 '남극광'이라고 불러요.

오로라는 태양에서 날아온 전기의 성질을 가진 작은 입자가 지구 자기장에 의해서 극지방의 대기와 충돌해서 빛을 내는 거야.

tip! 교과 연계 어휘

오로라 극지방에서 하늘이 빛나는 현상

121. 태양의 에너지는 어떻게 쓸 수 있을까?

태양의 에너지는 우리 생활에서 아주 유용하게 쓰여요. 태양 에너지는 환경을 오염시키지 않아서 많이 사용할수록 좋아요. 태양의 열은 물을 데우거나 음식을 요리하는 데 사용할 수 있어요. 또, 과학자들은 태양 빛을 전기로 바꾸는 태양 전지를 만들었어요. 태양 전지는 계산기나 태양광 램프처럼 작은 기기에 사용된답니다!

tip! 교과 연계 어휘

태양 에너지 태양에서 나오는 빛과 열을 사용하는 에너지
태양 전지 태양 빛을 전기로 바꾸는 장치

122. 최초의 우주 비행사는 누구였을까?

우주 비행사란 우주로 나가기 위해 특별히 훈련받은 사람을 말해요. 러시아에서는 '코스모너트'라고 부르고, 미국에서는 '애스트로너트'라고 부른답니다. 세계 최초로 우주에 간 사람은 1961년 4월 보스토크 1호를 타고 지구를 한 바퀴 돈 러시아의 유리 가가린이었어요. 그다음 우주에 간 사람은 미국의 앨런 셰퍼드였어요. 앨런 셰퍼드는 1961년 5월 미국 항공 우주국(NASA)의 훈련을 받고 우주에 다녀온 해군 장교이자 조종사였어요. 또한 그는 1971년에 아폴로 14호를 타고 다섯 번째로 달에 착륙한 사람이기도 하답니다. 우주 비행사들은 인류의 우주 탐사 역사를 만들어 간 아주 중요한 인물들이에요!

tip! 교과 연계 어휘

우주 비행사 우주 탐사를 위해 훈련받은 사람
유리 가가린 우주에 간 최초의 인간으로 러시아의 우주 비행사
앨런 셰퍼드 세계 두 번째 우주 비행사이자, 미국 최초의 우주 비행사

123. 우주에 간 첫 번째 사람은 누구일까?

우주에 최초로 간 사람은 러시아의 우주 비행사 유리 가가린이에요. 1961년 4월 12일, 유리 가가린은 보스토크 1호 우주선을 타고 우주로 날아올라 지구를 한 바퀴 돌았어요. 이 놀라운 업적으로 유리 가가린은 세계적인 영웅이 되었어요. 또한, 최초의 여성 우주 비행사는 발렌티나 테레시코바예요. 그녀는 1963년 6월 16일에 보스토크 6호를 타고 우주로 가서 약 3일 동안 지구를 공전했답니다. 이 두 사람은 우주 탐사를 시작한 인물들로 손꼽혀요!

tip! 교과 연계 어휘

발렌티나 테레시코바 우주에 간 최초의 여성으로, 러시아의 우주 비행사

124. 우주에서는 왜 꼭 우주복을 입어야 할까?

우주 비행사들은 우주선 밖으로 나갈 때 우주복을 꼭 입어야 해요. 우주에는 숨 쉴 공기도 없고, 온도가 너무 낮거나 방사선이 강해서 몸을 보호해야 하거든요. 우주복이 있으면 우주에서도 숨을 쉬고 움직일 수 있어요. 우주복이 없으면 방사선 때문에 화상을 입거나 추위로 얼어 버릴 수도 있답니다.

tip! 교과 연계 어휘

우주복 우주에서 안전하게 활동할 수 있도록 특수하게 만든 옷
방사선 우주에서 발생하는 유해한 에너지로, 우주복이 이를 막아 줌

125. 우주 비행사들은 어떻게 인공위성을 고칠까?

우주 비행사들은 고장 난 인공위성을 직접 수리하기도 해요. 가까운 곳에 있는 위성은 우주선 밖으로 나가 '우주 유영'을 하며 고쳐요. 이때 우주 비행사는 허리에 줄을 매 우주선과 연결하고, 도구를 들고 아주 조심스럽게 작업해요. 도구를 놓치면 우주에 떠다니게 되니까요. 때로는 로봇 팔이나 특별한 의자를 이용해 멀리 있는 위성을 수리하기도 해요. 수리에 시간이 오래 걸리는 경우, 위성을 우주선으로 끌어당겨 작업하는 경우도 있어요.

tip! 교과 연계 어휘

우주 유영 우주 비행사가 우주선 밖으로 나와 무중력 상태에서 행동하는 일

로봇 팔 우주선에 달린 기계 팔로, 물건을 잡고 작업을 돕는 장치

126. 우주에서는 왜 물건이 둥둥 떠다닐까?

우주에서는 중력이 거의 없기 때문에 물건들이 무게 없이 떠다녀요. 중력은 물체를 끌어당기는 힘이에요. 지구에서는 이 힘 때문에 물건이 아래로 떨어지지만, 우주에서는 중력이 아주 약해서 물건들이 계속 떠 있는 것이지요. 게다가 한 번 움직이면 다른 것에 부딪히기 전까지 멈추지 않고 계속 움직인답니다!

tip! 교과 연계 어휘

중력 물체를 끌어당기는 힘

127. 동물들이 우주에 가 본 적이 있다고?

네! 여러 동물이 우주에 다녀왔어요. 1947년에 미국이 초파리를 처음으로 우주에 보냈는데, 다시 살아 돌아왔어요. 1949년에는 원숭이 알버트 2세가 우주로 갔어요. 1957년에는 개 라이카가 러시아의 스푸트니크 2호를 타고 지구 궤도에 올랐지만 돌아오지 못했어요. 1960년에는 개 두 마리, 벨카와 스트렐카가 스푸트니크 5호를 타고 무사히 우주를 다녀왔어요!

tip! 교과 연계 어휘

궤도 우주에서 물체가 일정한 경로를 따라 도는 길

128. 달에 처음 착륙한 사람은 누구였을까?

1969년 7월 20일, 닐 암스트롱이 달에 도착한 첫 번째 사람이 되었어요. 그는 아폴로 11호를 타고 에드윈 올드린과 함께 달에 착륙했어요. 달 표면에 발을 디딜 때 "인간에게는 작은 한 걸음이지만, 인류에게는 거대한 도약이다."라는 유명한 말을 남겼답니다!

tip! 교과 연계 어휘

닐 암스트롱 달에 최초로 첫발을 디딘 우주 비행사

아폴로 11호 달 탐사를 위해 발사된 미국의 우주선

129. 달에 가면 어떤 걸 볼 수 있을까?

달 표면은 부드러운 먼지로 덮여 있고, 크고 작은 구멍(크레이터)이 많아요. 또한 달에는 산과 평지(마리아)가 있으며, 바다처럼 보이는 어두운 지역도 있어요. 달의 뒷면에는 거대한 구멍(남극-에이켄 분지)이 있고, 앞면은 좀 더 밝은색을 띠고 있어요!

tip! 교과 연계 어휘

- **크레이터** 운석 충돌로 생긴 달 표면의 구멍
- **마리아** 달의 표면에 있는 넓고 평평하며 어두운 지역으로, 오래된 용암이 식어서 생긴 곳
- **남극-에이켄 분지** 달의 남극과 에이켄 지역 사이에 있는, 달에서 가장 깊고 큰 충돌 구덩이

130. 달에 가는 데 얼마나 걸릴까?

달은 지구에서 약 38만 킬로미터 떨어져 있어요. 우주선이 얼마나 빠르게 가느냐에 따라 달에 도착하는 시간도 달라져요. 1959년, 러시아의 루나 1호는 약 36시간 만에 달 근처를 지나며 처음으로 달에 간 우주선이 되었어요. 1969년에는 아폴로 11호가 사람을 태우고 3일 조금 넘게 걸려 달에 도착했어요. 2006년에는 뉴허라이즌스라는 탐사선이 단 9시간 만에 달 근처를 지나 가장 빠른 기록을 세웠고, 2003년에 출발한 스마트 1호는 일부러 천천히 가서 달에 도착하는 데 가장 오래 걸렸답니다. 무려 14개월이나 되었지요!

131. 사람들은 정말 우주에서 살 수 있을까?

사람들은 우주선이나 국제 우주 정거장(ISS) 같은 곳에서 생활할 수 있어요. 국제 우주 정거장은 지구에서 약 278~460킬로미터 높이에 떠 있는 커다란 인공위성이에요. 우주 비행사들은 이곳에서 생활하면서 다양한 실험을 하거나 지구를 관찰해요. 이 우주 정거장은 미국, 일본, 캐나다, 유럽, 러시아가 함께 만든 곳이고, 지금까지 15개 나라의 사람들이 이곳을 방문했답니다!

tip! 교과 연계 어휘

국제 우주 정거장(ISS) 사람이 살고 연구할 수 있는 우주 정거장
인공위성 우주에서 활동하도록 만든 인공 장치

132. 미션 컨트롤 센터는 어떤 곳일까?

미션 컨트롤 센터는 우주 비행을 돕고 관리하는 곳이에요. 우주 비행사와 지구가 서로 연락할 수 있도록 돕는 일을 하지요. 미션 컨트롤 센터의 팀원들은 우주 비행을 잘 관리할 수 있도록 훈련받아요. 미국 항공 우주국(NASA)의 미션 컨트롤 센터는 미국 휴스턴에 있고, 러시아의 미션 컨트롤 센터는 모스크바 근처의 코롤료프에 있어요.

tip! 교과 연계 어휘

미션 컨트롤 센터 우주 비행을 돕고 관리하는 곳으로, 우주 비행사와 지구 간의 연락을 지원

133. 혜성을 찾아 떠난 탐사선이 있다고?

미국 항공 우주국의 과학자들은 혜성을 연구하기 위해 탐사선을 보냈어요. 1999년에 발사된 스타더스트는 혜성에서 날아오는 먼지와 가스를 모아 지구로 보냈어요. 유럽 우주국(ESA)의 로제타 탐사선은 2004년에 발사되어 혜성에 착륙한 첫 번째 탐사선이에요.

tip! 교과 연계 어휘

스타더스트 미국 항공 우주국이 발사한 혜성 탐사선
유럽 우주국(ESA) 유럽의 우주 연구 기관
로제타 탐사선 혜성에 처음으로 착륙한 유럽 우주국의 탐사선

134. 사람이 살 수 있는 행성은 왜 지구뿐일까?

지구는 태양계에서 세 번째 행성이며, 태양으로부터 약 1억 5천만 킬로미터 떨어져 있어요. 이 거리는 태양의 빛과 열을 생명이 살기에 알맞은 정도로 받을 수 있는 위치예요. 지구는 크기가 커서 중력이 충분해 공기를 붙잡아 둘 수 있고, 산소가 풍부한 대기를 가지고 있어요.

반면, 화성처럼 공기가 거의 없는 행성에서는 사람이 살기 어려워요. 또, 지구는 표면에 넓은 바다와 물을 가진 유일한 행성이에요. 물은 생명이 시작되는 데 꼭 필요한 요소이기 때문에, 지금까지 사람이 살 수 있는 곳은 지구뿐이랍니다!

135. 화산은 어떻게 생겨났을까?

화산은 땅속 깊은 곳에서 마그마와 가스가 나와서 만들어지는 산이에요. 땅속의 뜨거운 마그마가 화산 꼭대기의 구멍을 통해 흘러나와 식으면서 화산이 생겨요. 한번 생긴 화산은 그대로 멈춰 있기도 하고, 계속 활동하기도 해요. 가만히 쉬고 있다가 갑자기 다시 폭발하는 화산도 있답니다!

tip! 교과 연계 어휘

화산 마그마가 지구 표면으로 흘러나와 용암을 형성하는 산
마그마 땅속 깊은 곳에서 매우 뜨겁게 녹은 돌, 화산 활동으로 표면으로 올라옴

136. 마그마랑 용암은 뭐가 다를까?

지구 안, 땅속 깊은 곳에는 큰 압력과 뜨거운 열로 돌이 녹아 생긴 마그마가 있어요. 화산에서 마그마가 분출해 땅 위로 흐르는 것을 용암이라고 불러요. 땅속에 있을 때는 마그마, 밖으로 나오면 용암인 것이지요. 용암은 매우 뜨겁지만, 차차 식으면 딱딱한 바위가 돼요!

tip! 교과 연계 어휘

분출 액체나 기체 상태의 물질이 솟구쳐서 뿜어져 나옴
용암 화산에서 분출된 마그마 또는 마그마가 굳어진 암석

137. 화산은 왜 폭발하는 걸까?

마그마가 생길 때 이산화탄소나 이산화황 같은 기체도 함께 생겨요. 마그마와 기체는 점점 지표면 가까이로 올라오다가, 압력이 더 세지면 화산의 분출구를 통해 밖으로 터져 나와요. 이렇게 해서 화산이 폭발하는 거예요. 화산은 지구 안에 있는 에너지가 한꺼번에 터지면서 생기는 자연 현상이랍니다!

tip! 교과 연계 어휘

지표면 지구의 표면 또는 땅의 겉면
분출구 화산 안의 마그마와 가스가 지표 밖으로 뿜어져 나오는 구멍

138. 지구 표면은 무엇으로 이루어져 있을까?

지구 표면은 땅과 물로 이루어져 있어요. 그런데 놀랍게도 지구 표면의 약 70%는 바다를 포함한 물로 덮여 있고, 나머지 약 30%만이 땅이에요. 모든 대륙과 나라를 다 합쳐도 30%밖에 안 되지요. 땅 표면은 주로 바위인 암석으로 이루어져 있으며, 그 위에는 흙과 다양한 퇴적물이 쌓여 있어 식물과 동물이 살아갈 수 있는 환경을 만들어 준답니다.

tip! 교과 연계 어휘

땅 지구 표면의 일부로, 암석과 흙, 모래가 포함되어 있음
암석 땅을 구성하는 단단한 물질로, 지구의 지각을 형성함
퇴적물 물, 바람, 얼음 등에 의해 옮겨져 쌓인 흙, 모래, 자갈 같은 물질

139. 지구 안쪽은 무엇으로 이루어져 있을까?

지구의 가장 바깥쪽, 우리가 밟고 있는 부분을 지각이라고 해요. 지각은 퇴적암, 화성암, 변성암으로 이루어져 있고, 두께는 약 5~35킬로미터 정도로, 지구 전체 질량의 1%밖에 안 돼요. 그 아래에는 맨틀이라는 두꺼운 층이 있고, 맨틀은 지각보다 훨씬 무겁고 밀도가 높아요. 맨틀은 약 2,890킬로미터로 지구에서 가장 두꺼운 층이에요. 지구의 중심에는 핵이 있는데, 외핵은 액체, 내핵은 고체로 되어 있고 대부분 철로 이루어져 있다고 해요. 핵은 너무 깊은 곳에 있어서 아직은 정확히 알지 못해요. 그래서 과학자들이 계속 연구하고 있답니다!

tip! 교과 연계 어휘

- **퇴적암** 흙이나 모래가 쌓여 굳어진 암석
- **화성암** 마그마가 식어 굳어진 암석
- **변성암** 열과 압력을 받아 변한 암석
- **질량** 물체에 들어 있는 물질의 양
- **밀도** 물질이 빽빽하게 모여 있는지의 정도

140. 초신성은 어떤 별일까?

초신성은 별이 폭발할 때 나타나요. 별이 폭발하면 엄청나게 밝아져서, 어떤 경우에는 태양보다 훨씬 밝고 심지어 하나의 은하보다 더 밝게 보이기도 해요. 하지만 폭발이 끝나면 별은 사라지고, 먼지와 기체만 남아 우주로 퍼져 나가요. 과학자들은 우리은하에서 약 50년에 한 번 정도 초신성이 일어나는 것으로 보고 있어요. 또 초신성 폭발에서 생긴 충격파는 새로운 별이 태어나는 데 도움을 주기도 해요. 초신성은 별의 마지막 순간이면서, 또 다른 별이 태어나는 시작이기도 해요.

tip! 교과 연계 어휘

초신성 별이 마지막 순간에 폭발하는 현상으로, 매우 밝게 빛남
충격파 초신성이 생길 때 발생하는 강한 파동

141. 지구는 얼마나 오래됐을까?

과학자들은 지구가 약 46억 년 된 아주 오래된 행성이라고 말해요. 이 숫자는 '방사성 연대 측정'이라는 방법으로 운석이나 달에서 가져온 암석을 연구해 알아낸 거예요. 하지만 모든 사람이 이 의견에 동의하는 건 아니에요. 일부 사람들은 지구가 더 젊다고 생각하기도 해요.

tip! 교과 연계 어휘

방사성 연대 측정 물질이 생겨난 연대를 알아내는 과학적 방법
운석 다 타 버리지 않고 지구까지 떨어진 우주의 물질

142. 지구는 얼마나 클까?

지구는 정말 커요! 지구 표면의 약 70%는 바다, 강, 호수 같은 물로 덮여 있고 땅은 약 30%밖에 되지 않아요. 지구의 둘레는 적도를 따라 약 40,000킬로미터, 극지방을 따라 측정하면 약 39,988킬로미터예요. 지구의 질량은 약 5,940해 톤(5,940,000,000,000,000,000,000톤)이나 된답니다!

tip! 교과 연계 어휘

톤 무게를 나타내는 단위로, 1톤은 1,000킬로그램

143. 산은 어떻게 만들어질까?

산은 두 가지 방법으로 만들어져요. 첫 번째는 땅속 깊은 곳에 있는 지각판이 서로 부딪힐 때예요. 지각판이 충돌하면 땅이 위로 밀려 올라가면서 산이 생긴답니다. 두 번째는 화산이 폭발할 때예요. 지구 내부에서 뜨거운 마그마가 올라와 식으면서 산을 만들어요. 이런 화산 활동으로 생긴 산은 시간이 지나면서 점점 더 커질 수 있어요!

tip! 교과 연계 어휘

지각판 지구 표면 아래에 있는 커다란 암석층
지각판 충돌 지각판이 서로 부딪히면서 땅이 위로 밀려 올라가 산이 생기는 과정

144. 산은 시간이 지나면 작아질까?

산은 시간이 지나면서 작아질 수 있어요. 지각판이 서로 밀고 충돌하면 땅이 위로 솟아오르면서 산이 만들어지거나 더 높아지기도 해요. 하지만 비, 바람, 눈 같은 자연의 힘이 산을 조금씩 깎아 내리고, 지구의 중력도 산을 천천히 아래로 끌어내리기 때문에 아주 오랜 시간이 지나면 산은 점점 낮아질 수 있답니다! 북극에 있는 빙산은 진짜 산은 아니지만, 지구 온난화로 점점 사라지고 있어요.

tip! 교과 연계 어휘

빙산 빙하에서 떨어져 나와 호수나 바다에 흘러 다니는 얼음덩어리
지구 온난화 지구의 기온이 높아지는 현상

145. 어떤 산꼭대기는 왜 눈으로 덮여 있을까?

높은 산으로 올라갈수록 공기의 밀도는 낮아지고, 산소를 포함한 기체들의 양도 줄어들어요. 이렇게 공기가 희박한 곳에서는 숨을 쉬기도 힘들고 열이 잘 빠져나가서 춥게 느껴지지요. 어떤 산들은 너무 높아서 꼭대기의 온도가 1년 내내 낮아요. 그래서 쌓여 있는 눈이 녹지 않고 계속 있어서 산꼭대기가 하얗게 보인답니다.

tip! 교과 연계 어휘

산소 우리가 숨을 쉬기 위해 필요한 기체
희박 물질이나 기체가 적고 밀도가 낮은 상태

146. 눈사태는 왜 일어나는 걸까?

눈사태는 토네이도, 우박, 지진처럼 자연에서 일어나는 강한 자연 현상 중 하나예요. 눈사태는 경사진 산비탈에 쌓인 눈이 갑자기 아래로 미끄러져 내려오면서 시작돼요. 처음에는 조금의 눈만 움직이지만, 내려오면서 더 많은 눈을 끌어모아 점점 더 커지고 무거워져요. 눈의 상태에 따라 눈사태의 속도도 달라지는데, 마른 눈은 빠르게 흘러내리며 가장 빠른 속도를 내요. 마른 눈은 쉽게 흩어지기 때문에, 눈사태가 내려올 때 공중에 흩날리는 눈구름이 생기기도 해요. 그래서 눈사태는 땅을 따라 흐르는 눈뿐 아니라 공중에서 먼지처럼 날리는 눈의 모습도 함께 볼 수 있답니다!

tip! 교과 연계 어휘

눈사태 산비탈에 쌓인 눈이 갑자기 무너져 내려오는 현상
경사 비스듬히 기울어진 상태나 정도

147. 화산에는 어떤 종류가 있을까?

화산은 세 가지 종류가 있어요. 활화산은 자주 폭발하며 언제든지 다시 폭발할 수 있는 화산이고, 휴화산은 한때 폭발했지만 지금은 잠들어 있어 다시 폭발할 수도 있는 화산이에요. 사화산은 아주 오래된 화산으로, 앞으로 다시 폭발할 가능성이 거의 없는 화산이에요.

tip! 교과 연계 어휘

활화산 지금도 자주 폭발하는 화산
휴화산 과거에 폭발했지만 지금은 활동하지 않는 화산
사화산 앞으로 폭발할 가능성이 없는 오래된 화산

148. 더 잘 흐르는 용암도 있다고?

어떤 화산은 방패처럼 넓적하게 생기기도 해요. 그 이유는 바로 '점도' 때문이에요! 점도는 액체가 얼마나 걸쭉한지를 나타내요. 점도가 낮으면 용암이 묽고, 점도가 높으면 걸쭉해요. 묽은 용암은 더 잘 흘러내려서 순상 화산이라는 완만한 화산을 만들어요. 이런 화산은 하와이나 아이슬란드 같은 곳에서 볼 수 있답니다!

tip! 교과 연계 어휘

점도 액체가 얼마나 걸쭉한지를 나타내는 성질로, 점도가 낮으면 묽고, 점도가 높으면 걸쭉함

순상 화산 묽은 용암이 흘러내려 만들어진, 경사가 완만한 형태의 화산

149. 지진은 왜 위험할까?

지진은 강도에 따라 다르지만, 아주 강한 지진은 매우 위험해요. 강한 지진이 일어나면 땅이 심하게 흔들려서 건물이 무너지고 화재가 일어날 수도 있어요. 또 바다에서 지진이 발생하면 거대한 파도, 즉 '쓰나미'가 생기기도 한답니다. 지진을 막을 수는 없지만, 지진이 일어났을 때 어떻게 행동해야 하는지 미리 배우면 피해를 줄일 수 있어요!

tip! 교과 연계 어휘

지진 땅속에서 발생하는 강한 진동으로, 땅이 흔들리는 현상

쓰나미 바다에서 발생하는 지진 때문에 일어나는 거대한 파도

150. 지진은 어디에서 많이 일어날까?

지진은 주로 지각판이 만나는 곳에서 일어나요. 지각판이 서로 부딪히거나 멀어질 때 땅이 흔들리면서 지진이 발생한답니다. 세계에서 가장 많은 지진이 발생하는 곳은 환태평양 지진대예요. 이곳은 태평양을 둘러싼 칠레, 일본, 뉴질랜드, 미국 서부 해안, 필리핀, 알래스카 같은 곳들을 포함하는데, 지구에서 일어나는 지진의 약 81%가 여기에서 발생해요. 또 다른 중도 지진대는 알디드 지진대인데, 히말라야, 인도네시아, 지중해 주변까지 이어지며 세계 지진의 약 17%가 이곳에서 일어난답니다.

tip! 교과 연계 어휘

환태평양 지진대 태평양을 둘러싼 지역으로 지진이 많이 일어나는 곳

알피드 지진대 히말라야와 지중해 주변에 있는 지진이 자주 나는 지역

151. 바닷속에도 산이 있을까?

바닷속에도 산이 있어요. 사실 바닷속에는 우리가 보지 못하는 거대한 산맥들이 많이 있답니다. 가장 큰 해저 산맥은 대서양 중앙 해령이에요. 이 산맥은 대서양 바다 밑을 따라 길게 이어져 있고, 해저에서 높이 솟아 있어요. 이렇게 바닷속에 있는 산들은 육지의 산처럼 지각판이 움직이면서 만들어져요. 또 어떤 해저산은 화산이 터지면서 생기기도 한답니다.

tip! 교과 연계 어휘

산맥 여러 개의 산이 연결되어 이어진 지형
해저 산맥(해령) 바닷속에서 지각판이 갈라지며 길게 솟아오른 산맥

152. 세상에서 가장 깊은 바다는 어디일까?

세계에서 가장 깊은 바다는 마리아나 해구예요. 이곳은 태평양의 섬 괌 근처에 위치해 있고, 깊이는 무려 약 11킬로미터나 돼요. 얼마나 깊은지 상상하기 어렵다면, 에베레스트산을 거꾸로 세운 것보다도 약 2킬로미터 더 깊이 들어간다고 생각하면 돼요. 아주 깊어서 햇빛도 들지 않고, 물도 차갑고, 압력도 높아요. 그래도 이곳에는 여러 생물들이 살아가고 있답니다.

tip! 교과 연계 어휘

해구 바닷속에 깊고 길게 패인 곳

153. 바닷물이 짠 이유는 뭘까?

바닷물이 짠 이유는 물속에 녹아 있는 소금 때문이에요. 강물과 빗물이 육지의 바위에서 소금 성분을 씻어 내 바다로 가져오고, 바닷속 바위나 해저 화산에서도 소금이 녹아 나와 바닷물에 섞여요. 또 태양이 바닷물을 증발시켜도 소금은 남아 있기 때문에, 바닷물은 계속 짠맛을 유지한답니다.

tip! 교과 연계 어휘

증발 액체가 열을 받아 기체로 변하는 현상
유지 어떤 상태나 상황을 그대로 보존하거나 변함없이 계속하여 버팀

154. 강에서 급류는 왜 생길까?

하나의 강이라도 모든 곳이 똑같은 속도로 흐르지는 않아요. 어떤 곳은 느리고 잔잔하게 흐르고, 어떤 곳은 빠르고 거칠게 '급류'가 흐르지요. 강의 바닥이 가파르면 물살이 세지고, 돌에 부딪히면서 소용돌이가 생겨요. 물이 부딪히며 거품이 일어 물이 하얗게 보이기도 하지요. 급류는 래프팅 같은 수상 스포츠를 즐기기에 좋은 곳이기도 하답니다!

tip! 교과 연계 어휘

급류 물이 빠른 속도로 흐름 또는 그 물
래프팅 고무보트를 타고 계곡의 급류를 헤쳐 나가는 수상 스포츠

155. 강어귀는 어디를 말하는 걸까?

강어귀는 강이 바다와 만나는 곳이에요. 여기에서는 강물(민물)과 바닷물(소금물)이 섞이면서 특별한 생태계가 생겨요. 강어귀 주변에는 소금 습지가 있어서 다양한 생물들이 살기 좋은 환경이 만들어져요. 또 바닷물이 강으로 들어왔다 나갔다 하기 때문에 오랜 시간이 지나면 강어귀의 모양이 조금씩 변하기도 한답니다!

tip! 교과 연계 어휘

민물 강이나 호수처럼 소금기가 없는 물
생태계 생물과 그 생물이 살아가는 환경이 서로 어울려 이루는 자연의 모습
소금 습지 바닷물이 드나드는 곳에 생긴 짠물의 습지

156. 조개껍데기로 만들어진 암석이 있다고?

바닷속에서는 조개껍데기 같은 물질들이 오랜 시간 동안 쌓이고 눌리면서 퇴적암이 만들어져요. 조개껍데기뿐만 아니라 해초, 작은 해양 생물의 잔해 등이 함께 쌓여 점점 단단해지면서 하나의 암석이 되는 거예요. 이렇게 만들어진 퇴적암은 바다나 호수 근처에서 많이 발견할 수 있어요.

tip! 교과 연계 어휘

퇴적암 흙, 모래, 생물의 잔해 등이 오랜 시간 쌓이고 눌려 만들어진 암석
잔해 부서지거나 남은 조각이나 흔적

157. 강은 어디에서 시작될까?

강이 시작되는 곳을 발원지라고 불러요. 보통 높은 산이나 언덕에서 비가 내리거나 눈이 녹으면서 물이 흘러내려 작은 시냇물이 생겨요. 이 시냇물들이 합쳐지면서 점점 더 큰 강이 된답니다. 세계에서 가장 긴 강인 나일강도 아프리카의 높은 곳에서 시작돼서 여러 나라를 지나 바다로 흘러간답니다!

tip! 교과 연계 어휘

발원지 강이 시작되는 곳으로, 보통 높은 산이나 언덕에서 시작됨
시냇물 비나 눈이 녹아서 흐르는 작은 물줄기로, 강의 시작 단계

158. 물은 어떻게 순환할까?

물의 순환은 물이 하늘로 올라갔다가 다시 땅으로 돌아오는 자연스러운 과정이에요. 먼저 태양열로 바다, 강, 호수의 물이 증발해 수증기가 되고, 그 수증기는 차가운 공기와 만나 응결되어 작은 물방울이 되어 구름을 만들어요. 점점 무거워진 구름이 비나 눈이 되어 다시 땅으로 내려오는 것을 '강수'라고 하지요. 이렇게 물은 증발, 응결, 강수의 과정에 따라 끊임없이 순환하면서 우리 생활에 꼭 필요한 자원이 된답니다!

tip! 교과 연계 어휘

- **순환** 일정한 간격을 두고 자꾸 되풀이하며 도는 과정
- **증발** 물이 수증기로 바뀌는 과정
- **응결** 수증기가 차가워져 물방울로 바뀌는 과정
- **구름** 응결된 물방울들이 모여 형성된 하늘의 물 덩어리
- **강수** 구름 속의 물방울이 모여 비나 눈, 우박 등으로 떨어지는 것

159. 세상에서 가장 높은 폭포는 얼마나 높을까?

세계에서 가장 높은 폭포는 앙헬 폭포예요! 이 폭포는 베네수엘라에 있는데, 높이가 무려 979미터나 되지요. 이 정도면 서울의 롯데월드타워(555미터)의 두 배 정도나 되는 높이지요! 폭포는 강물이 높은 곳에서 낮은 곳으로 떨어지면서 만들어지는데, 어떤 폭포는 수천 년 동안 계속해서 조금씩 모양이 변하기도 해요.

tip! 교과 연계 어휘

폭포 강물이 높은 곳에서 낮은 곳으로 떨어지며 생긴 물줄기

160. 가장 많은 물이 흐르는 강은 어디일까?

세상에서 가장 많은 양의 물이 흐르는 강은 아마존강이에요. 아마존강은 1초에 수영장 20개만큼 많은 양의 물을 바다로 흘려보낸답니다. 그 양이 어마어마하죠? 강의 길이로 보면 아마존강은 세계에서 두 번째로 길지만, 물의 양으로 보면 단연 세계 최고예요!

tip! 교과 연계 어휘

아마존강 남아메리카 북부를 흐르는 강으로, 세계에서 가장 많은 물이 흐름

161. 호수는 어떤 곳일까?

호수는 물이 흐르지 않고 한곳에 고여 있는 곳이에요. 호수와 비슷한 곳으로는 연못, 저수지, 그리고 인공 호수가 있어요. 호수는 빙하가 녹거나 강물이 흐르다가 낮은 곳에 고이면서 만들어지기도 해요. 호수는 사람들이 물을 마시거나 농사를 짓는 데도 큰 도움을 준답니다!

tip! 교과 연계 어휘

호수 땅에 둘러싸여 물이 한곳에 고여 있는 큰 물웅덩이
연못 규모가 작고 주로 마을이나 정원에 있는 물웅덩이
저수지 비가 올 때 물을 저장해 두었다가 필요한 때 사용하는 인공 물 저장소
인공 호수 사람이 땅을 파거나 막아서 만든 호수

162. 세상에서 가장 큰 담수호는 어디일까?

세계에서 가장 큰 담수호는 러시아 시베리아에 있는 바이칼 호수예요. 바이칼 호수는 어찌나 큰지, 북아메리카에 있는 가장 큰 호수 5개를 모두 합친 것보다도 더 많은 물을 가지고 있어요. 캐나다와 미국에 걸쳐 위치한 슈피리어 호수는 표면적이 가장 넓은 담수호지만, 보유한 물의 양으로 보면 바이칼 호수가 가장 크답니다.

tip! 교과 연계 어휘

담수호 염분이 없는, 사람들이 마실 수 있는 물이 고인 호수
바이칼 호수 세계에서 가장 큰 담수호로, 러시아 시베리아에 위치
슈피리어 호수 캐나다와 미국에 있는, 표면적이 가장 넓은 담수호
표면적 물체 겉면의 넓이

163. 세상에서 가장 긴 강은 어디일까?

세상에서 가장 긴 강은 나일강이에요. 길이는 무려 6,695킬로미터 정도나 되지요! 아프리카 북동부를 흐르는 나일강 주변에서 고대 이집트 문명이 발달했어요. 나일강은 백나일강과 청나일강이라는 두 개의 지류가 있는데, 백나일강이 더 길어요. 청나일강은 물의 색이 짙어 '청나일'이라는 이름이 붙었어요. 우기에는 특히 물의 양이 많아서 땅을 비옥하게 만들어 준답니다.

tip! 교과 연계 어휘

- **나일강** 세계에서 가장 긴 강으로 아프리카 북동부를 흐르는 강
- **지류** 더 큰 강으로 합류하는 작은 강
- **비옥** 식물이 잘 자랄 수 있게 땅에 영양분이 풍부함

164. 강은 어떻게 계곡을 만들까?

강물은 흐르면서 물살로 바위를 깎아 계곡을 만들어요. 특히 산에서 흘러내리는 강물은 아주 빠르고 거세요. 이 물살은 산 아래로 흘러내리면서 바위를 깎아 작은 조각으로 부수고, 더 작은 모래나 흙으로 갈아 내지요. 강물은 오랜 시간 동안 바위를 깎아 점점 깊은 V자 모양의 계곡을 만들어 낸답니다.

tip! 교과 연계 어휘

- **계곡** 강물이 흐르며 바위를 깎아 생긴 깊고 좁은 골짜기
- **V자 모양** 강이 바위를 침식해 만들어진 좁고 깊은 계곡의 단면 형태

165. 호수는 어떻게 만들어질까?

호수는 자연적으로 생길 수도 있고, 사람이 인공적으로 만들 수도 있어요. 자연적으로 생기는 호수는 땅이 움푹 파인 곳에 비나 눈, 빙하가 녹은 물이 고여서 만들어져요. 하지만 시간이 지나면서 모래가 쌓이거나 물이 마르면 호수가 사라질 수도 있답니다!

tip! 교과 연계 어휘

빙하 높은 산이나 극지방에서 천천히 흘러 다니는 커다란 얼음덩어리

166. 바다는 얼마나 클까?

바다는 강이나 호수보다 훨씬 크지만, 대양보다는 작아요. 사실 대부분의 바다는 큰 대양의 일부를 이루고 있어요. 여러 개의 바다가 모여 대양을 이루지요. 예를 들어, 아라비아해와 벵골만은 인도양의 일부예요. 세계에서 가장 큰 바다는 지중해로, 면적이 엄청 넓고 대서양과 연결되어 있어요!

tip! 교과 연계 어휘

대양 지구 표면의 큰 부분을 차지하며 넓게 펴져 있는 아주 큰 바다

167. 세상에서 가장 큰 대양은 어디일까?

세상에서 가장 큰 대양은 태평양이에요. 면적은 무려 1억 6,520만 제곱킬로미터에 달해요. 지구 표면의 3분의 1을 차지할 만큼 넓고, 모든 대륙을 합친 것보다도 더 커요. 대양에는 태평양, 인도양, 대서양, 북극해, 남극해가 있는데, 그중 태평양은 아메리카 대륙과 아시아, 호주 사이에 있어요.

tip! 교과 연계 어휘

대륙 바다로 나뉘는 크고 넓은 땅덩어리

168. 대양과 바다는 같은 걸까?

대양과 바다는 서로 다른 개념이에요. 대양은 매우 크고 뚜렷한 경계가 없으며 지구의 넓은 부분을 차지해요. 반면 바다는 대양의 일부로, 크기가 더 작고 육지에 둘러싸여 있는 경우도 많아요. 예를 들어 지중해, 흑해, 아라비아해는 바다이고, 태평양, 대서양, 인도양은 대양에 해당한답니다.

tip! 교과 연계 어휘

바다 대양의 일부로, 대륙 가까이에 있거나 육지에 둘러싸인 바닷물

169. 바다는 왜 파랗게 보일까?

바다가 파랗게 보이는 이유는 햇빛이 바닷물에서 흡수와 산란이 되기 때문이에요. 햇빛이 물에 닿으면 일부는 반사되고, 일부는 물속으로 들어가요. 빨간색·주황색 같은 긴 파장의 빛은 빨리 흡수되지만, 파장이 짧은 파란색 빛은 멀리 퍼져(산란이 잘 돼) 우리 눈에 더 많이 들어와요. 그래서 바다가 파랗게 보이는 것이지요. 실제로 물은 거의 색이 없답니다!

tip! 교과 연계 어휘

흡수 빛이나 소리가 물질 속으로 들어가 에너지가 사라지는 현상
산란 빛이나 소리가 입자에 부딪혀 여러 방향으로 퍼지는 현상

170. 파도는 어떻게 해서 생기는 걸까?

파도는 태양의 열과 바람이 만들어 내요. 태양이 공기를 데우면 따뜻한 공기가 위로 올라가고 이 빈 공간으로 차가운 바람이 이동하면서 바람이 만들어져요. 이렇게 생긴 바람은 바닷물을 밀어요. 바람에 밀린 물이 앞으로 움직이면서 파도가 생기는 거예요!

tip! 교과 연계 어휘

파도 바람이나 다른 힘에 의해 바닷물이 위아래로 움직이며 생기는 물결
바람 공기가 이동하면서 생기는 공기의 움직임

171. 조수는 무엇 때문에 일어나는 걸까?

조수는 바닷물이 올라갔다 내려갔다 하는 현상이에요. 이 현상은 달의 중력, 즉 끌어당기는 힘 때문에 생겨요. 달이 바닷물을 끌어당기면 밀물, 즉 물이 높아지는 현상이 일어나고, 반대쪽 바다에서도 밀물이 생겨요. 이때 달과 90도 방향에 있는 지역에서는 바닷물이 빠지면서 썰물, 즉 물이 낮아지는 현상이 일어나요. 하루에 두 번 밀물과 썰물이 바뀌는데, 밀물에서 썰물로 바뀌는 데 약 6시간, 다시 밀물이 될 때까지 또 6시간이 걸려서 하루에 두 번 밀물과 두 번 썰물이 반복되는 거예요.

tip! 교과 연계 어휘

중력 물체를 끌어당기는 힘으로, 달의 중력이 바닷물에 영향을 줌

172. 산호초는 어떻게 자랄까?

얕고 따뜻한 바다에서 자라는 산호초는 아주 작은 바다 생물인 산호가 모여서 자라는 암초예요. 나뭇가지 모양으로 생겼지만 식물이 아니라 동물이지요. 산호는 처음에는 폴립이라는 작은 형태로 바닷속을 떠다녀요. 산호 폴립은 바닥에 붙으면 몸에서 석회질 물질을 내보내 딱딱한 껍질 같은 보호막을 만들어요. 또 산호는 자극 세포를 이용해 자신을 먹으려는 생물이 다가오면 톡 쏘아서 스스로를 지켜요. 많은 산호들이 오랜 시간 동안 함께 자라면 크고 단단한 산호초가 만들어지지요. 수많은 바다 생물들이 살고 있는 산호초는 아주 중요한 해양 생태계예요.

tip! 교과 연계 어휘

폴립 물에 사는 다세포 동물로, 원통 모양의 몸에 촉수가 달린 입이 있음

173. 세상에서 가장 큰 산호초는 어디에 있을까?

호주의 그레이트 배리어 리프는 세상에서 산호초가 가장 넓게 모여 있는 곳이에요. 바닷가를 따라 발달한 이 산호초는 우주에서 보일 정도로 아주 크답니다. 그 외에도 벨리즈, 하와이, 홍해, 동남아시아 근처에도 큰 산호초들이 있어요.

tip! 교과 연계 어휘

산호초 산호가 모여서 형성된 바다 속의 큰 구조물로, 다양한 해양 생물들이 서식하는 중요한 생태계

174. 인어는 정말 있을까?

인어는 신화와 전설에 나오는 상상 속의 존재로, 실제로는 없어요. 머리와 상체는 사람처럼 생겼지만, 허리 아래는 물고기 꼬리를 가지고 있다고 상상하지요. 우리가 잘 아는 영화, <인어 공주>의 주인공 아리엘도 바로 인어 캐릭터예요!

바다 동물 '듀공'을
인어로 착각하기도 했대!

tip! 교과 연계 어휘

인어 신화나 전설에 등장하는 상상의 존재로, 사람의 상체와 물고기의 하체를 가짐

175. 사막은 어떤 곳일까?

사막은 비가 거의 오지 않는 건조한 땅이에요. 뜨거운 사막은 온도가 매우 높고, 선인장 같은 식물이 자라요. 반대로 기온이 아주 낮은 추운 사막도 있어요. 추운 사막도 건조한 것은 마찬가지예요. 이곳에 사는 동물들은 추위를 견디기 위해 두꺼운 털을 가지고 있어요.

사막은 적도 지방뿐만 아니라 몽골, 미국, 남극, 북극 등 다양한 곳에 있어.

tip! 교과 연계 어휘

- **사막** 강수량이 매우 적고 건조한 지역
- **뜨거운 사막** 낮에는 매우 뜨겁고 밤에는 추운, 온도가 높은 사막
- **추운 사막** 밤낮 모두 매우 추운, 온도가 낮은 사막

176. 세상에서 가장 넓고 뜨거운 사막은 어디일까?

세상에서 가장 넓고 뜨거운 사막은 아프리카의 '사하라 사막'이에요. 이곳은 매우 뜨겁고 건조하며, 모래 언덕이 건물보다 높을 정도로 거대하고, 모래바람도 아주 강해요. 그런데 사실 지구에서 가장 큰 사막은 '남극'이에요. 남극은 눈과 얼음으로 뒤덮여 있지만, 비나 눈이 거의 내리지 않아 사막으로 분류된답니다.

tip! 교과 연계 어휘

- **사하라 사막** 아프리카 북부에 있는, 아주 넓고 뜨거운 사막
- **남극** 세계에서 가장 큰 사막으로, 눈과 얼음으로 덮여 있지만 비가 거의 오지 않아 사막으로 분류됨

177. 사막은 어떻게 만들어질까?

사막은 비가 거의 오지 않거나, 숲이 없어질 때 생겨요. 나무를 너무 많이 베거나 동물이 풀을 많이 뜯어 먹어 버리면 땅이 점점 메말라 버려요. 이렇게 땅이 건조해지고 식물이 자라기 어려워지는 현상을 '사막화'라고 해요.

tip! 교과 연계 어휘

사막화 땅이 점점 건조해지면서 사막과 같은 환경으로 변하는 과정

178. 낙타는 정말 물 없이 살 수 있을까?

낙타는 물 없이 최대 161킬로미터를 이동할 수 있답니다! 낙타는 건조한 사막 환경에 알맞은 특징을 가지고 있어요. 더운 여름에도 땀을 거의 흘리지 않고, 오줌도 적게 싸지요. 또 두꺼운 피부는 뜨거운 햇빛을 막아 주지요. 낙타는 15분 이내에 약 135리터의 많은 물을 빠르게 마실 수 있어요. 마신 물은 낙타의 적혈구를 타원형으로 부풀게 해서 낙타 몸에 수분을 천천히 공급하지요.

tip! 교과 연계 어휘

적혈구 몸에 산소와 수분을 전달하는 작은 세포

179. 세상에서 가장 큰 열대 우림은 어디일까?

세상에서 가장 큰 열대 우림은 아마존 열대 우림이에요. 아마존은 브라질, 베네수엘라, 페루 등 여러 나라에 걸쳐 있어요. 이곳의 울창한 숲은 온실가스인 이산화탄소를 흡수하고, 수많은 동식물이 살아가는 중요한 생태계를 유지하는 데 큰 역할을 해요. 아마존은 지구 환경을 지켜 주는 아주 소중한 곳이랍니다.

tip! 교과 연계 어휘

열대 우림 따뜻하고 습한 기후에서 비가 자주 내리고 다양한 식물과 동물이 사는 숲

180. 열대 우림은 우리에게 왜 소중할까?

열대 우림은 우리 생활과 건강에 큰 도움을 주는 중요한 자연환경이에요. 이곳에서는 과일, 견과류, 약초처럼 사람들이 식생활과 의학에 활용하는 다양한 자원이 나와요. 또 열대 우림은 따뜻하고 습한 환경 덕분에 아주 많은 동식물이 살 수 있는 특별한 터전을 만들지요. 지구에서 사는 생물의 상당수가 열대 우림에 의지해 살아가기 때문에, 이 지역을 지키는 일은 생물 다양성을 보호하는 것과도 연결된답니다.

tip! 교과 연계 어휘

자원 사람이나 사회가 필요로 하는 물건이나 에너지

181. 숲의 지붕 아래에는 누가 살고 있을까?

아마존처럼 나무가 빽빽하게 우거진 숲에서는 위로 뻗은 나뭇가지와 잎이 촘촘히 모여 초록빛 지붕, 즉 수관층을 이루어요. 이 지붕은 양산처럼 너무 뜨거운 햇빛을 막아서 아래쪽에 자라는 식물들이 잘 자랄 수 있도록 해 줘요. 또 원숭이나 새, 곤충 같은 동물들이 사는 공간이기도 해요.

나무들이 만드는 초록 지붕을
'숲의 캐노피'라고도 불러.

tip! 교과 연계 어휘

수관층 숲의 가장 위쪽 층으로, 나뭇가지와 잎이 모여 지붕처럼 이루어진 부분

182. 세상에서 가장 작은 나라는 어디일까?

바티칸 시국은 세계에서 가장 작은 나라예요. 이탈리아 로마 안에 있으며, 크기는 축구장 약 69개 정도밖에 되지 않아요. 인구도 약 800명으로 아주 적고, 교황이 살면서 가톨릭교회의 중심지 역할을 하고 있어요.

tip! 교과 연계 어휘

교황 가톨릭교회의 최고 지도자로, 바티칸 시티의 중심에서 활동
가톨릭교회 가톨릭교를 믿는 사람들의 공동체 또는 그 장소

183. 불의 고리는 어디를 말하는 걸까?

지구 내부에 있는 마그마는 화산으로 폭발하기도 하고, 지구 표면 아래에 있는 지각판을 움직여 지진을 일으키기도 하지요. 지구에서 일어나는 화산 활동과 지진의 대부분은 '불의 고리'라는 지역에서 발생하고 있어요. 불의 고리는 태평양을 둘러싼 곳으로, 뉴질랜드, 일본, 알래스카, 미국 서부, 남미 해안까지 이어지는 곳이에요. 이 지역의 활화산이 원 모양으로 흩어져 있어서, 불의 고리라는 이름이 붙었답니다!

tip! 교과 연계 어휘

불의 고리 태평양 주변의 화산과 지진이 많이 발생하는 지역

184. 북극은 섬일까?

북극은 섬이 아니에요. 북극은 얼음으로 덮인 바다예요. 땅 대신 바다 위에 아주 두꺼운 얼음이 덮인 것이랍니다! 단지 얼음이 아주 커다래서 마치 땅처럼 보이는 것이지요. 하지만 기후 변화로 지구가 점점 더워져서 북극해의 얼음이 계속해서 빠르게 녹고 있어요. 이런 변화는 지구의 해수면을 높일 뿐만 아니라 북극에 사는 동물들에게도 큰 영향을 끼치고 있지요.

tip! 교과 연계 어휘

기후 변화 지구의 평균 기온이 상승하는 현상으로, 북극 지역에서 얼음이 녹고 있는 원인

해수면 바닷물의 표면

185. 세상에서 가장 큰 섬은 어디일까?

세계에서 가장 큰 섬은 그린란드예요! 북극 근처에 있으며, 크기가 한반도의 약 10배나 돼요. 날씨가 매우 추워서 땅의 80% 이상이 얼음으로 덮여 있고, 사람이 거의 살지 않는 곳이에요.

186. 섬은 어떻게 만들어질까?

섬은 생겨난 방식에 따라 대륙섬과 화산섬으로 나눌 수 있어요. 대륙섬은 원래 대륙의 일부였던 땅이 바다에 의해 떨어져 나가거나, 대륙의 끝부분이 바닷물에 둘러싸여 섬처럼 된 것이에요. 영국과 그린란드는 대표적인 대륙섬이에요. 반면, 화산섬은 바닷속 화산이 폭발하면서 땅이 솟아올라 만들어진 섬이에요. 이런 섬은 바다에서 처음 생긴 새로운 땅이에요. 하와이 제도가 대표적인 화산섬이에요. 이처럼 섬은 지구의 움직임과 자연 현상으로 오랜 시간에 걸쳐 만들어진 특별한 지형이에요!

tip! 교과 연계 어휘

대륙섬 대륙의 일부가 떨어져 나가거나 바닷물에 둘러싸여 생긴 섬
화산섬 바닷속 화산이 폭발하면서 생긴 섬

187. 석유는 어디에서 나올까?

석유는 아주 오래전에 살았던 생물의 사체가 변해 만들어진 화석 연료예요. 호수와 바다를 떠다니던 플랑크톤과 같은 생물의 사체가 바닥에 쌓이다가 땅속 깊이 묻히고, 오랜 시간 동안 열과 압력을 받아 원유라는 기름으로 변한 것이에요. 원유를 정제해서 석유로 만들고, 자동차 연료, 플라스틱 원료, 난방용 기름 등 여러 가지로 사용하고 있어요. 석유는 '바위에서 나온 기름' 또는 '땅에서 나온 기름'이라는 뜻이에요.

tip! 교과 연계 어휘

원유 땅속에서 처음 나온 가공하지 않은 기름
정제 불순물을 없애고 필요한 성분만 골라내는 과정
석유 원유를 정제해서 만든 여러 가지 기름과 연료

188. 동물들은 북극에서 어떻게 살 수 있을까?

북극에는 많은 동물들이 살고 있어요. 북극곰, 순록, 북극여우는 두꺼운 털로 몸을 따뜻하게 해요. 바다코끼리와 고래는 피부 아래에 있는 지방층(블러버) 덕분에 차가운 물에서도 견딜 수 있어요. 북극에 사는 물고기는 혈액이 얼지 않도록 항동결 단백질을 가지고 있어요. 북극은 매우 춥지만, 이곳에 사는 동물들은 특별한 몸의 구조로 잘 적응해 살아간답니다!

tip! 교과 연계 어휘

- **지방층(블러버)** 동물의 몸속에 있는 지방층으로, 추위로부터 몸을 보호하고 에너지를 저장함
- **항동결 단백질** 물고기가 차가운 물에서도 혈액이 얼지 않도록 만드는 단백질
- **적응** 환경이나 상황에 맞게 변화하거나 발달하는 과정

189. 물고기는 어두운 곳에서도 볼 수 있을까?

바다 깊은 곳은 햇빛이 닿지 않아 아주 어두워요. 하지만 물고기들은 어둠 속에서도 잘 볼 수 있도록 특별한 능력을 가지고 있어요. 큰 눈으로 약한 빛도 잘 받아들이는 물고기도 있고, 몸에서 스스로 빛을 내는 물고기도 있어요. 또 촉수나 몸의 감각 기관인 측선으로 물의 움직임도 느껴요. 깊은 바다는 깜깜하지만, 물고기들은 이런 다양한 방법으로 잘 살아가요.

tip! 교과 연계 어휘

촉수 물고기가 먹이를 찾거나 환경을 탐지할 때 사용하는 기관
측선 물고기의 양옆에 난 선으로 물의 흐름이나 수압을 느낌

190. 세상에서 가장 빠른 물고기는 무엇일까?

세상에서 가장 빠른 물고기는 돛새치예요! 돛새치는 시속 약 110킬로미터로 헤엄칠 수 있을 만큼 놀라운 속도를 자랑해요. 길이는 최대 3미터 정도, 몸무게는 약 65킬로그램까지 자라요. 몸이 길고, 부리처럼 뾰족한 주둥이가 있어서 물을 가르며 아주 빠르게 움직일 수 있답니다!

tip! 교과 연계 어휘

돛새치 세계에서 가장 빠른 물고기로, 돛 모양의 지느러미를 가진 물고기
시속 물체가 한 시간 동안 이동할 수 있는 거리

191. 바다 생물 중에서 가장 위험한 건 무엇일까?

가장 위험한 바다 생물 중 하나는 상자해파리예요. 이 해파리는 몸이 투명해서 물속에서 잘 보이지 않고, 길고 많은 촉수를 가지고 있어요. 촉수에는 강한 독이 있어서 거기에 닿으면 심한 통증이나 마비를 일으킬 수 있어요. 하지만 바다거북은 상자해파리의 독에 영향을 받지 않고, 오히려 먹이로 삼는답니다!

tip! 교과 연계 어휘

독 생물체가 다른 생물체에 해를 끼칠 수 있는 물질
마비 신체의 일부나 전체가 움직이지 않거나 기능을 잃는 상태

192. 가장 큰 포유류는 어떤 동물일까?

흰수염고래(블루웨일)는 지구에서 가장 큰 포유류예요! 길이는 약 30미터까지 자라고, 무게는 150톤이나 돼요. 이렇게 거대한 몸을 가졌지만, 아주 작은 플랑크톤을 먹고 살아요. 입안에는 빗 모양의 수염판이 있어서, 물에서 플랑크톤을 걸러 내 먹는답니다!

tip! 교과 연계 어휘

포유류 새끼에게 젖을 먹여 키우는 동물로, 흰수염고래도 이러한 특성을 가짐
플랑크톤 흰수염고래가 먹는 작은 해양 생물로, 주로 물속에 떠다니는 미생물들을 말함
수염판 흰수염고래의 입안에 있는 빗 모양의 구조로, 플랑크톤을 걸러 내는 데 쓰임

193. 고래는 어떤 특징이 있을까?

고래는 바다에서 살기에 알맞은 특징을 가지고 있어요. 피부 아래에 두꺼운 지방층(블러버)이 있어서 추운 바다에서도 따뜻하게 지낼 수 있어요. 몸은 길고 매끈한 유선형이어서 물속에서 빠르게 헤엄칠 수 있지요. 하지만 고래는 어류가 아니라 포유류이기 때문에 아가미가 아닌 폐로 호흡해요. 그래서 가끔 물 위로 올라가서 머리 위에 있는 숨구멍으로 숨을 쉬어야 해요. 고래의 숨구멍은 다른 동물의 콧구멍과 같은 곳이어서 자세히 보면 2개의 구멍이 있답니다!

고래는 물고기(어류)가 아니라 포유류라는 사실을 기억해!

tip! 교과 연계 어휘

유선형 물이나 공기의 저항을 최소한으로 하기 위하여 앞부분을 곡선으로 만들고, 뒤쪽으로 갈수록 뾰족하게 한 형태

숨구멍 동물이 숨을 쉬는 구멍

194. 모든 고래에게 이빨이 있을까?

고래는 수염고래와 이빨고래 두 종류가 있어요. 수염고래는 이빨이 없고, 빗처럼 생긴 수염판이 있어서 물에서 작은 플랑크톤을 걸러서 먹어요. 수염고래에는 흰수염고래와 혹등고래가 있어요. 반면, 이빨고래는 턱에 이빨이 있어서 물고기나 오징어 같은 큰 먹이도 잡아먹을 수 있어요. 범고래와 향유고래는 이빨고래에 속한답니다!

tip! 교과 연계 어휘

수염판 고래나 일부 물고기가 입 주위에 있는, 작은 먹이를 걸러 내는 빗 모양의 구조물

195. 가장 빠르게 수영하는 바다 포유류는 무엇일까?

가장 빠른 바다 포유류는 범고래예요! 범고래는 시속 약 77킬로미터로 헤엄칠 수 있어요. 몸에는 검은색과 흰색의 뚜렷한 무늬가 있는데, 물속에서 눈에 잘 띄지 않게 하지요. 그래서 범고래가 사냥을 할 때나 적에게서 몸을 숨길 때 위장하기에 안성맞춤이랍니다.

tip! 교과 연계 어휘

위장 자신을 숨기기 위해 주변 환경과 비슷한 모습으로 보이게 하는 행동이나 꾸밈

196. 고래가 노래를 부른다고?

고래는 소리로 서로 대화해요! 물속에서는 소리가 공기 중보다 네 배 더 빠르게 전달되기 때문에, 고래들은 멀리 떨어져 있어도 소리를 주고받을 수 있어요. 혹등고래는 멜로디처럼 들리는 '고래 노래'를 짝을 찾거나 새끼를 부를 때 사용해요. 향유고래와 이빨고래는 '클릭 소리'를 내서 먹이를 찾거나 물속에서 방향을 알아내요. 고래의 소리는 신비롭고 멋진 자연의 소리랍니다!

tip! 교과 연계 어휘

고래 노래 고래들이 내는 멜로디 같은 소리로, 주로 의사소통이나 짝짓기를 할 때 사용

클릭 소리 고래가 몸속 공기주머니를 움직여 내는 딱딱거리는 소리

197. 가장 오래 사는 해양 포유류는 무엇일까?

북극고래(보우헤드 고래)는 가장 오래 사는 바다 포유류예요! 북극고래는 200년 이상 살 수 있어요. 실제로 예전에 잡힌 한 북극고래의 몸에서 100년 전에 만들어진 작살이 발견된 적도 있었어요. 몸길이는 20미터, 무게는 100톤까지 자라는 북극고래는 아주 추운 북극 바다에서 살아요. 70센티미터나 되는 두꺼운 지방층(블러버)이 북극고래의 몸을 보호해 주지요. 과학자들은 북극고래의 유전자를 연구해서 장수의 비결을 알아내려고 노력하고 있어요.

tip! 교과 연계 어휘

작살 물고기나 큰 동물을 잡는 데 사용하는 긴 창 모양의 도구
유전자 생물체 개개의 유전 형질을 발현시키는 원인이 되는 요소나 물질
장수 오래도록 삶

198. 상어는 어떤 동물일까?

상어는 연골로 된 뼈를 가진 특별한 물고기예요. 상어는 약 4억 년 전부터 바다에서 살았고, 사실 공룡보다도 더 오래된 생물이에요. 몸이 길고 매끈해서 물속에서 아주 빠르게 헤엄칠 수 있어요. 상어는 종류가 440종이 넘고, 심지어 강에서 살 수 있는 상어도 있어요. 대표적인 상어로는 백상아리, 고래상어, 범상어, 망치상어가 있지요. 사람들이 상어를 무서운 동물로 알고 있지만, 사실 인간이 상어를 훨씬 더 위협하고 있어요. 바로 상어 남획 때문이에요. 상어를 너무 많이 잡으면 앞으로는 상어를 볼 수 없게 될지도 모른답니다!

상어는 평생 동안
이빨이 계속 새로 나.
어떤 상어는 3만 개 넘게
이빨을 바꾼대!

tip! 교과 연계 어휘

연골 뼈와 달리 단단하지만 유연한 조직으로, 상어의 몸은 연골로 이루어져 있음
남획 너무 많이 잡아서 자원을 고갈시키는 행동

199. 상어는 얼마나 오래 살까?

상어의 수명은 종류에 따라 달라요. 예를 들어 백상아리는 70~100년, 고래상어는 100~150년, 호랑이상어는 30~40년, 너스상어는 약 25년 정도 살아요. 상어의 나이는 척추에 있는 성장선(고리)을 세어 알아내는데, 이 고리는 나무의 나이테처럼 상어가 성장할 때마다 하나씩 생기기 때문이에요.

tip! 교과 연계 어휘

수명 생물이 살아가는 기간
척추 척추동물의 등 쪽에 있는 뼈로, 몸을 지지하고 보호하는 역할을 함
나이테 나무의 줄기를 가로로 자른 면에 나타나는 둥근 테, 1년에 하나씩 생겨서 그 나무의 나이를 알 수 있음

200. 상어는 얼마나 빨리 헤엄칠 수 있을까?

상어는 보통 천천히 헤엄치지만, 청새리상어는 시속 50킬로미터로 헤엄칠 수 있고, 순간적으로는 시속 74킬로미터까지 속도를 낼 수 있어요. 몸이 날씬하고 주둥이가 뾰족하며, 꼬리 힘이 매우 강해서 빠르게 움직일 수 있답니다. 반면, 고래상어나 몸집이 큰 상어들은 보통 천천히 헤엄쳐요.

201. 상어의 등은 왜 더 어두운색일까?

상어의 등은 어두운색이고, 배는 밝은색이에요. 이렇게 색이 다르면 바닷속에서 더 잘 숨을 수 있어요. 위에서 보면 등 부분이 바다의 어두운색과 섞여 잘 보이지 않고, 아래에서 보면 배 부분이 밝은 하늘빛과 어울려 눈에 잘 띄지 않아요. 이 덕분에 상어는 먹잇감을 쉽게 사냥하고, 포식자로부터 잘 숨을 수 있답니다!

tip! 교과 연계 어휘

사냥 먹이를 잡는 행동
포식자 다른 동물을 먹이로 하는 동물

202. 세상에서 가장 큰 물고기는 무엇일까?

고래상어는 세계에서 가장 큰 물고기예요! 가장 큰 고래상어는 길이가 20미터, 무게가 23.5톤이었어요. 고래상어는 고래처럼 크지만 상어지요. 하지만 고래처럼 플랑크톤 같은 아주 작은 생물을 먹고 살아요. 따뜻한 바다에 살며, 봄이 되면 먹이를 찾기 위해 먼 거리를 이동한답니다!

고래는 물고기가 아니야!
세상에서 가장 큰
포유류지!

tip! 교과 연계 어휘

상어 연골로 된 몸을 가진 물고기로, 아가미로 숨을 쉬고 체온이 변하는 변온 동물
고래 물속에 사는 포유류로, 뼈로 된 골격을 가지고 있으며 폐로 숨을 쉬고 체온이 일정한 온혈 동물

203. 데빌피시는 어떤 동물일까?

데빌피시는 크기가 아주 큰 가오리예요! 몸길이는 5미터나 되고, 꼬리에 뾰족한 가시가 있어서 '데빌피시(악마 물고기)'라는 이름이 붙었어요. 지중해와 대서양에서 살며, 플랑크톤, 새우, 작은 물고기를 먹고 살아요. 몸의 위쪽은 어두운색이고 배는 밝은색이어서 상어와 비슷해 보이기도 한답니다!

tip! 교과 연계 어휘

가오리 몸이 납작하고, 날개처럼 생긴 지느러미를 가진 물고기로, 주로 바닥에서 살며, 작은 물고기나 갑각류를 먹음

갑각류 새우, 게와 같이 단단한 껍데기를 가진 해양 생물

204. 가장 큰 물범은 무엇일까?

가장 큰 물범은 코끼리물범이에요. 코끼리물범은 북방 코끼리물범과 남방 코끼리물범 두 종류가 있는데, 이 중 남방 코끼리물범이 더 크게 자라요. 암컷은 보통 길이 약 3미터, 무게 400~900킬로그램 정도이고, 수컷은 길이 약 4.5미터, 무게 1,500~3,000킬로그램까지 자라요. 기록상 가장 큰 코끼리물범은 길이가 6.85미터, 무게는 3,700킬로그램였다고 알려져 있어요.

tip! 교과 연계 어휘

물범 바다에서 살며 물속에서 잘 헤엄치고, 육지에서 쉬거나 새끼를 낳는 동물

205. 물고기는 어떻게 숨을 쉴까?

물고기는 아가미로 숨을 쉬어요. 물고기는 아가미를 열었다 닫았다 하면서 주변의 물을 끌어당겨요. 아가미에 있는 실핏줄을 통해 물속에 있는 산소를 흡수하고 몸속에 있는 이산화탄소를 몸 밖으로 내보내며 숨을 쉬는 거지요. 상어는 물을 펌프질하는 능력이 약해서 계속 헤엄쳐야 숨을 쉴 수 있어요. 그런데 '폐어'라는 물고기들은 공기 중에서도 숨을 쉴 수 있도록 폐처럼 생긴 호흡기도 가지고 있답니다!

tip! 교과 연계 어휘

아가미 물고기가 물속에서 산소를 얻는 호흡 기관
실핏줄 온몸의 조직에 그물 모양으로 퍼져 있는 매우 가는 혈관

206. 파충류는 어떤 동물일까?

파충류는 척추가 있는 동물이에요. 스스로 열을 만들지 못하는 변온 동물이라 햇빛 같은 바깥의 열로 몸을 따뜻하게 해야 해요. 대부분 알을 낳아 새끼를 키워요. 많은 사람들이 파충류의 피부가 미끄럽고 축축하다고 생각하지만, 실제로는 단단한 비늘로 덮여 있으며 비늘은 피부가 마르지 않도록 보호해 줘요. 도마뱀의 비늘은 케라틴이라는 단백질로 만들어졌는데, 이건 우리 머리카락과 손톱을 이루는 성분과 같아요. 파충류에는 뱀, 도마뱀, 악어, 거북이 등이 있고, 남극을 제외한 전 세계에서 볼 수 있어요. 남극은 너무 추워서 파충류가 살 수 없답니다.

tip! 교과 연계 어휘

변온 동물 체온이 외부 환경에 따라 변하는 동물
비늘 동물의 피부를 덮고 있는 단단한 조각

207. 세상에서 가장 작은 뱀은 무엇일까?

실뱀은 세계에서 가장 작은 뱀이에요. 실뱀은 약 60종이 있으며, 그중 가장 작은 종은 렙토티플롭스 칼레예요. 길이가 겨우 약 10센티미터밖에 되지 않으며, 주로 카리브해 지역에서 발견된답니다. 이 뱀은 너무 작아서 흰개미와 개미 애벌레만 먹고 산대요.

tip! 교과 연계 어휘

카리브해 중앙아메리카의 동쪽 바다

208. 화려한 나무도마뱀은 어떤 동물일까?

화려한 나무도마뱀은 다양한 색을 가진 파충류예요! 수컷은 무려 9가지 색깔의 종류가 있고, 특히 턱 아래와 배 부분의 색이 화려해요. 기분이나 호르몬 변화에 다라 색이 바뀌기도 해요. 주로 나무 위에서 생활하며, 암컷과 함께 무리를 이루어 살아요. 이 도마뱀은 미국 남서부 지역의 숲에서 볼 수 있으며, 학명은 우로사우루스 오르나투스랍니다!

tip! 교과 연계 어휘

- **호르몬** 몸의 다양한 기능을 조절하는 화학 물질
- **무리** 비슷한 특성을 가진 동물들이 함께 모여 생활하는 집단
- **학명** 과학자들이 생물을 정확하게 구별하기 위해 전 세계 공통으로 사용하는 이름

209. 가장 독이 강한 땅뱀은 무엇일까?

내륙타이판은 가장 독이 강한 뱀이에요! 이 뱀은 단 한 번 물 때 나오는 독으로도 사람 수백 명이나 쥐 수십만 마리를 죽일 정도의 강력한 독을 가지고 있어요. 하지만 성격이 공격적이지 않아서 위협을 느낄 때만 독을 사용해요. 계절에 따라 몸 색깔이 갈색에서 올리브색으로 바뀌고, 주로 호주에 살면서 쥐나 작은 포유류를 먹고 살아요.

210. 독을 뿜는 뱀은 어떤 뱀일까?

독을 뿜는 뱀으로 가장 유명한 것은 스피팅 코브라예요. 이 뱀은 입에서 독을 뿜어 적의 눈을 공격할 수 있어요. 보통 2미터 거리까지 독을 뿜을 수 있고, 피부에 닿으면 괜찮지만 눈에 들어가면 실명할 수도 있어요. 스피팅 코브라는 자신을 보호하기 위해 독을 뿜는데, 종류에 따라 독의 색깔이 다르답니다!

tip! 교과 연계 어휘

스피팅 코브라 독을 적의 눈에 뿜어 자신을 방어하는 뱀
실명 눈의 기능이 완전히 상실되어, 볼 수 없는 상태

211. 뱀의 턱은 왜 유연할까?

뱀의 턱은 매우 유연해서 자기 머리보다 큰 먹이도 삼킬 수 있어요. 사람의 턱은 단단히 연결되어 있어서 크게 벌릴 수 없지만, 뱀의 턱은 탄력 인대라는 특별한 끈 같은 조직으로 연결되어 있어서 훨씬 크게 벌릴 수 있답니다. 또한, 아래턱의 뼈가 서로 떨어질 수 있어서 입을 더 넓게 벌릴 수 있어요. 그리고 입안에는 숨을 쉴 수 있는 작은 호흡 구멍이 있어서, 큰 먹이를 천천히 삼키면서도 숨을 쉴 수 있답니다!

tip! 교과 연계 어휘

탄력 인대 뱀의 몸을 지탱하고 움직임을 도와주는 탄력 있는 조직

212. 가장 빠르게 달리는 도마뱀은 무엇일까?

세상에서 가장 빠른 도마뱀은 검은 가시꼬리 이구아나예요. 이 도마뱀은 멕시코와 중앙아메리카에 살며, 시속 34.9킬로미터로 달릴 수 있어요! 위험할 때는 빠르게 달아나거나, 꼬리를 세게 휘둘러 적을 공격하기도 해요. 수컷은 약 1.3미터까지 자랄 수 있고, 나무 타기를 좋아해서 어떤 지역에서는 '나무 위의 닭'이라고 불리기도 한답니다!

213. 뱀은 나무를 탈 수 있을까?

뱀은 먹이를 찾거나 적을 피해 숨으려고 나무를 타요. 플로리다에 사는 노란 쥐뱀은 나무를 아주 잘 타고, 밤나무뱀은 주로 나무와 동굴에서 살아요. '블랙 레이서'라는 뱀은 물가 근처에서 살면서 나무 위에서 쥐를 사냥해요. 또 날뱀은 날개는 없지만, 나무 사이를 미끄러지듯 활공해서 마치 하늘을 나는 것처럼 보이기도 해요!

tip! 교과 연계 어휘

활공 날개를 이용해 날아오르지 않고, 공중에서 자연스럽게 떨어지면서 길게 미끄러져 가는 비행 방식

214. 뱀은 얼마나 잘 들을 수 있을까?

뱀은 귀가 없어서 소리를 못 들을 것 같지만, 사실은 들을 수 있어요! 뱀의 피부와 근육은 땅에서 전해지는 작은 떨림(진동)을 느낄 수 있어요. 이 진동은 몸을 통해 머리에 있는 내부 귀 구조로 전달되어 소리를 듣는 것처럼 작용해요. 또 최근 연구에 따르면 뱀은 공기 중에서 나는 소리도 약하게나마 들을 수 있는 것으로 알려져 있어요. 이렇게 뱀은 땅의 떨림과 공기의 소리를 통해 주변의 위험을 알아차릴 수 있답니다!

tip! 교과 연계 어휘

진동 땅에서 전달되는 작은 떨림으로, 뱀은 이를 피부와 근육을 통해 느낄 수 있음
내부 귀 구조 뱀의 머리에 있는 작은 기관으로 진동을 감지하여 소리처럼 인식함

215. 두 방향을 동시에 볼 수 있는 파충류는?

카멜레온은 두 눈을 따로 움직일 수 있어서 한 번에 두 방향을 볼 수 있어요! 눈꺼풀은 둥글게 이어져 있고, 가운데 뚫린 작은 구멍으로 주변을 살펴보지요. 각 눈이 따로 움직이기 때문에 앞을 보면서도 뒤를 볼 수 있어요. 이 능력 덕분에 카멜레온은 포식자를 피하거나 먹이를 찾을 때 아주 유리하답니다!

tip! 교과 연계 어휘

포식자 다른 동물을 잡아먹고 살아가는 동물

216. 가장 큰 뱀은 무엇일까?

세상에서 가장 긴 뱀은 그물무늬비단뱀으로 알려져 있어요. 동남아시아의 열대 우림에 사는 이 뱀은 보통 3~6미터 정도 자라며, 어떤 뱀은 10미터 가까이 자라기도 해요. 초록아나콘다는 그물무늬비단뱀보다 길이는 조금 짧지만 훨씬 무거운 뱀이에요. 초록빛 몸에 검은 반점이 있는 이 뱀은 독은 없지만, 먹이에 몸을 감아 질식시킨 후 삼켜요. 아마존강과 남미의 늪지대에 살며, 물에서도 아주 능숙하게 헤엄칠 수 있어요!

tip! 교과 연계 어휘

질식 숨을 제대로 쉬지 못해 숨이 막히는 상태

217. 몸집이 가장 큰 도마뱀은 무엇일까?

세상에서 가장 큰 도마뱀은 코모도왕도마뱀이에요. 이 도마뱀은 인도네시아의 코모도섬을 중심으로 살며, 길이는 최대 3미터, 몸무게는 165킬로그램까지 나가요. 먹잇감을 사냥할 때는 강한 발톱과 이빨을 사용하는데, 이빨에는 독샘이 있어서 코모도왕도마뱀에게 물린 먹잇감은 꼼짝 못 하고 쓰러져요. 코모도왕도마뱀은 힘이 세고 사냥을 잘하는 도마뱀이랍니다!

218. 세상에서 가장 작은 파충류는 무엇일까?

세상에서 가장 작은 파충류는 자라구아난쟁이도마뱀붙이예요. 이 파충류는 몸길이가 겨우 16밀리미터밖에 되지 않아요. 카리브해의 도미니카 공화국 근처 작은 섬에서 발견되었으며, 벌레를 잡아먹고 살아요. 몸집이 작고 빠르게 움직일 수 있어서 적으로부터 도망치는 데 유리해요!

219. 뼈가 없는 동물에는 어떤 동물이 있을까?

뼈가 없는 동물을 무척추동물이라고 해요. 세상에 있는 동물의 97%가 무척추동물이며, 달팽이, 곤충, 해파리, 게, 오징어 같은 다양한 동물들이 포함돼요. 무척추동물은 몸이 부드럽고, 기온에 따라 체온이 변하는 변온 동물이기 때문에 추운 곳이나 더운 곳에서도 잘 살아요. 어떤 무척추동물은 몸을 보호하기 위해 껍데기나 단단한 껍질을 가지고 있기도 해요. 이들은 환경에 따라 다양한 모습으로 살아가며, 종류도 정말 많답니다!

tip! 교과 연계 어휘

무척추동물 척추뼈가 없는 동물
변온 동물 주변 온도에 따라 몸의 온도가 달라지는 동물

220. 가장 큰 무척추동물은 무엇일까?

세상에서 가장 큰 무척추동물은 대왕오징어와 거대오징어예요. 몸길이가 약 8미터나 되고, 촉수는 몸보다 더 길어요. 이 오징어는 아주 깊은 바다에서 살며 동물 중에서 가장 큰 눈을 가지고 있어요. 눈의 크기는 30~40센티미터나 돼서 어두운 물속에서도 먹이를 잘 찾을 수 있답니다. 또, 몸에서 빛을 내는 생물 발광 능력이 있어 깊은 바다에서도 길을 찾을 수 있어요. 남극을 비롯해 남아메리카, 남아프리카, 뉴질랜드 근처 바다에서 발견된답니다.

tip! 교과 연계 어휘

대왕오징어 세계에서 가장 큰 무척추동물 중 하나로, 깊은 바다에 서식하는 생물

생물 발광 생물이 스스로 빛을 내는 능력

221. 지렁이는 어떻게 움직일까?

지렁이는 뼈가 없고 몸이 부드럽고 길쭉하며, 여러 마디로 이루어진 동물이에요. 근육을 움직이며 꾸물꾸물 기어다니는데, 몸의 앞부분을 늘리면서 흙을 밀어낸 다음 뒷부분을 끌어당겨서 앞으로 나아간답니다. 지렁이는 땅속뿐만 아니라 종류에 따라 강이나 바다에서도 살아요.

tip! 교과 연계 어휘

암수한몸 동물 하나의 몸에 생식 기관을 암수 둘 다 갖춘 것

222. 날지 못하는 곤충도 있을까?

곤충의 대부분은 날개가 있어서 하늘을 날 수 있어요. 나비, 파리, 잠자리, 벌, 나방, 매미, 딱정벌레 같은 곤충이 대표적이에요. 하지만 개미처럼 날지 못하는 곤충도 있어요. 공주개미와 수개미는 날개가 있는데, 짝짓기 후 공주개미는 날개를 떼고 여왕개미가 되어 땅에서 살아요.

tip! 교과 연계 어휘

곤충 몸이 세 부분으로 나누어지고, 여섯 개의 다리를 가진 작은 동물

223. 개구리의 피부는 왜 미끈미끈할까?

개구리의 피부에는 점액이 있어서 만지면 미끈미끈해요. 이 점액은 개구리가 수분을 유지하는 데 도움을 주고, 피부를 보호하는 역할도 해요. 개구리는 물속과 땅에서 모두 살 수 있는 양서류에 속해요. 물에서는 이 점액이 방수 역할을 해서 너무 많은 물이 몸속에 들어오는 걸 막아 줘요. 또 미끄러운 피부 때문에 포식자가 개구리를 쉽게 잡지 못한답니다.

tip! 교과 연계 어휘

양서류 물과 땅에서 모두 생활할 수 있는 동물

224. 개구리와 두꺼비는 무엇이 다를까?

개구리와 두꺼비는 생김새가 달라서 쉽게 구별할 수 있어요. 개구리는 피부가 매끈하고 촉촉하지만, 두꺼비는 거칠고 마른 피부를 가지고 있어요. 개구리는 다리가 길어서 멀리 뛸 수 있지만, 두꺼비는 다리가 짧아서 걸어 다니는 경우가 많아요. 또, 개구리는 눈이 크고 튀어나와 있지만, 두꺼비의 눈은 얼굴 안쪽에 있어요. 알을 낳는 모습도 달라서 개구리는 알을 덩어리로 낳고, 두꺼비는 길게 줄처럼 낳는답니다.

tip! 교과 연계 어휘

개구리 매끄럽고 촉촉한 피부를 가진 양서류
두꺼비 건조하고 울퉁불퉁한 피부를 가진 양서류

225. 거북은 얼마나 오래 살까?

거북은 종류에 따라 차이가 있지만, 보통 40년에서 200년 넘게 살 수 있어요. 특히 갈라파고스 제도에 사는 땅거북은 200년 이상 살기도 해요. 아직 살아 있는 거북 중에서 가장 나이가 많은 거북은 1832년에 태어난 '조너선'인데, 벌써 190살이 넘었지요. 거북은 나이가 들수록 점점 더 천천히 움직이지만, 아주 오랫동안 건강하게 살 수 있는 동물이랍니다.

226. 세상에서 가장 작은 동물은 무엇일까?

세상에서 가장 작은 동물은 수컷 기생 말벌로, 크기가 0.139밀리미터밖에 되지 않아 눈에 거의 보이지 않아요. 이 작은 말벌은 다른 곤충의 몸속에 기생하면서 살아가고, 그 안에 알을 낳아 번식한답니다. 그 외에도 아주 작은 동물들이 많아요. 세계에서 가장 작은 딱정벌레는 1밀리미터가 채 되지 않고, 가장 작은 물고기인 스타우트 인펀트피시는 고작 7~8밀리미터 정도지요. 브라질에 사는 황금개구리는 9~10밀리미터로 가장 작은 양서류예요. 가장 작은 포유류 뒤영벌박쥐는 3센티미터, 가장 작은 조류 벌새는 5센티미터 정도예요. 개 중에서 가장 작은 종류는 치와와로, 약 13~20센티미터예요. 피그미 마모셋은 몸길이가 12~16센티미터로 세상에서 가장 작은 원숭이랍니다.

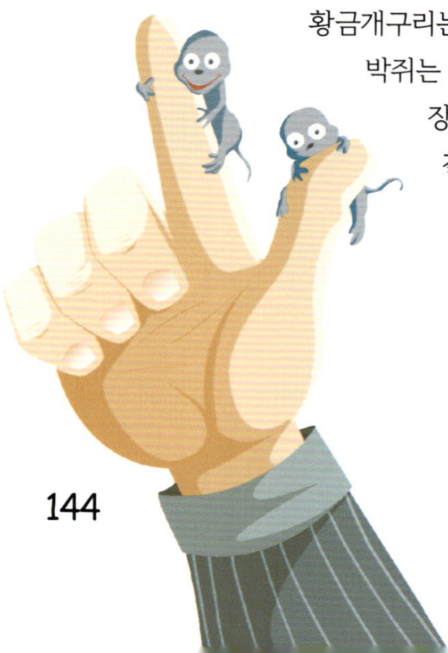

tip! 교과 연계 어휘

기생 다른 생물의 몸에 살면서 그 생물에게 해를 끼치는 생활 방식
번식 생물이 새끼를 낳거나 알을 낳아 자기 종류를 늘려 가는 것

227. 얼룩말은 왜 줄무늬를 가지고 있을까?

얼룩말의 줄무늬는 천적으로부터 자신을 보호하는 데 도움이 돼요. 얼룩말이 무리 지어 서 있을 때, 검정과 흰색 줄무늬가 섞여서 사자 같은 포식자가 특정한 한 마리를 쉽게 찾아내기 어려워요. 게다가 색을 잘 구별하지 못하는 동물들은 얼룩말의 줄무늬를 풀숲과 혼동하기도 한답니다.

tip! 교과 연계 어휘

천적 다른 동물을 잡아먹거나 해를 끼치는 자연 속의 적

228. 두 개의 털옷을 입는 동물은 누구일까?

북방족제비 또는 산족제비라고 불리는 이 동물은 여름에는 몸 윗면의 털이 갈색으로 변하고, 겨울에는 온몸이 흰색으로 변하지요. 주변의 색과 비슷해져서 천적에게 들키지 않고 안전하게 몸을 숨길 수 있어요. 북극여우나 눈토끼도 계절에 따라 털색이 바뀌어요.

tip! 교과 연계 어휘

북극여우 북극에 가까운 유럽, 아시아 등에 살며, 귀와 다리가 짧은 여우
눈토끼 주로 아시아 북부와 유럽에 살며, 높은 곳에 살아서 '고산토끼'라고도 함

229. 토끼는 귀가 왜 그렇게 클까?

토끼는 귀가 커서 작은 소리도 잘 들을 수 있어요. 그래서 천적이 다가오면 빨리 알아차리고 도망칠 수 있답니다. 귀가 쫑긋 세워져 있을 때는 주변을 살피고 있는 상태이고, 귀를 머리에 붙이고 있을 때는 조용히 숨어 있으려는 거예요. 또, 큰 귀는 더운 날씨에 체온을 조절하는 역할도 해요. 귀에 있는 많은 혈관이 열을 식혀 주기 때문에 더운 지역에 사는 토끼일수록 귀가 더 크답니다.

tip! 교과 연계 어휘

체온 조절 온혈 동물이 몸의 온도를 일정하게 유지하기 위해 스스로 조절하는 것

230. 호랑이는 어떤 동물일까?

호랑이는 고양잇과에 속하는 가장 큰 육식 동물이에요. 몸길이는 3미터가 넘고, 몸무게는 300킬로그램 이상 나가기도 해요. 주황색 털에 검은 줄무늬가 특징이며, 배 쪽은 밝은색이에요. 드물게 흰색이나 황금색 털을 가진 호랑이도 있어요. 옛날에는 아시아 전역에 살았지만, 지금은 시베리아, 인도, 동남아시아의 일부 지역에서만 볼 수 있어요. 호랑이는 종류가 여러 가지인데, 벵골호랑이, 시베리아호랑이, 인도차이나호랑이, 수마트라호랑이, 말레이호랑이 등이 있어요. 안타깝게도 발리호랑이, 자바호랑이, 카스피호랑이는 멸종되었어요. 호랑이는 넓은 영역에서 홀로 사냥하며, 주로 사슴이나 멧돼지 같은 큰 동물을 잡아먹어요. 그러나 서식지가 줄어들고 밀렵이 계속되면서 개체 수가 점점 줄어들고 있어 보호가 필요해요. 호랑이는 인도와 방글라데시의 국가 동물이며, 보통 15~20년 정도 살 수 있어요.

tip! 교과 연계 어휘

- **서식지** 동물이나 식물이 자주 살고 있는 환경이나 장소
- **밀렵** 불법으로 동물을 잡거나 사냥하는 행위
- **개체 수** 어떤 생물의 전체 개수를 나타내는 말

231. 세상에서 가장 빠른 육상 동물은 무엇일까?

육지에서 가장 빠르게 달리는 동물은 치타예요. 치타는 시속 113킬로미터로 달릴 수 있어요. 짧은 시간 동안만 이렇게 빠르게 달릴 수 있지만, 사냥할 때는 엄청난 속도로 먹잇감을 따라잡아요. 두 번째로 빠른 동물은 가지뿔영양으로, 시속 98킬로미터로 달릴 수 있어요. 사람은 보통 시속 40킬로미터 정도 달릴 수 있고, 경주마는 시속 70킬로미터로 달릴 수 있어요.

tip! 교과 연계 어휘

육상 동물 땅에서 살아가는 동물
경주마 사람이 타고 경주를 하는 말

232. 호랑이는 몇 종류나 있을까?

호랑이는 여러 종류가 있어요. 벵골호랑이, 시베리아호랑이, 남중국호랑이, 수마트라호랑이, 인도차이나호랑이, 말레이호랑이까지 6종류가 있지요. 옛날에는 전 세계에 10만 마리 이상의 호랑이가 살았지만, 지금은 6천~9천 마리 정도만 남아 있어요. 호랑이 수가 줄어든 이유는 숲이 사라지고, 사람들이 호랑이를 사냥했기 때문이에요.

233. 세상에서 가장 큰 개는 무엇일까?

세상에서 가장 큰 개는 그레이트 데인, 잉글리시 마스티프, 세인트 버나드 같은 대형견들이에요. 그레이트 데인 중에서 '케빈'이라는 개는 키가 무려 97센티미터였고, 뒷발로 서면 높이가 213센티미터나 되었어요. 세계에서 가장 큰 개로 기네스북에 올랐지요. 세계에서 가장 무거운 개는 잉글리시 마스티프 품종의 '아이카마 조르바'라는 개로 무려 155킬로그램이나 되었답니다.

tip! 교과 연계 어휘

기네스북 세계의 진기한 기록을 모은 책
품종 생물을 분류한 종류

234. 세상에서 가장 큰 곰은 무엇일까?

세상에서 가장 큰 곰은 코디악불곰이에요. 알래스카불곰이라고도 부르는 이 곰은 몸무게가 약 1,134킬로그램나 되고, 길이는 3미터나 돼요. 북극곰도 크기로 유명한데, 몸무게가 998kg까지 나가고 길이는 약 2.4미터예요. 아주 옛날에는 더 큰 곰도 있었어요. 남아메리카에 살았던 거대 짧은얼굴곰은 무게가 1,750킬로그램이나 되고, 일어선 키는 4미터에 가까웠을 거라고 해요.

tip! 교과 연계 어휘

거대 짧은얼굴곰 현재 멸종된 고대 곰의 일종으로, 약 12,000년 전에 살았던 거대한 곰

235. 원숭이와 유인원의 차이는 무엇일까?

원숭이와 유인원은 둘 다 영장류지만 몇 가지 차이점이 있어요. 유인원에는 침팬지, 고릴라, 오랑우탄, 인간이 포함돼요. 유인원은 원숭이보다 키가 크고, 머리가 좋으며, 꼬리가 없어요. 반면, 원숭이는 꼬리가 있어서 나무에서 생활하는 데 유리해요. 또한 유인원은 팔과 다리를 이용해 나무 사이를 쉽게 이동할 수 있지만, 원숭이는 그렇게 할 수 없어요. 얼굴도 조금 다른데, 원숭이는 코가 앞으로 튀어나와 있고, 유인원은 코가 납작하고 턱이 짧아요.

tip! 교과 연계 어휘

영장류 사람, 원숭이, 유인원처럼 손과 발을 잘 쓰고 뇌가 발달한 동물
원숭이 꼬리를 가진 영장류로, 나무에서 생활하는 데 유리한 특징을 가짐
유인원 침팬지, 고릴라, 오랑우탄, 인간 등이 포함된 꼬리가 없는 영장류

236. 가장 화려한 원숭이는 무엇일까?

맨드릴개코원숭이는 세상에서 가장 화려한 원숭이예요. 이 원숭이는 아프리카 중서부의 카메룬 남부, 가봉, 적도 기니, 콩고에 살아요. 수컷 맨드릴은 몸무게가 30킬로그램 정도 나가고, 키는 약 90센티미터예요. 얼굴에는 빨간색과 파란색 줄무늬가 있고, 턱수염은 노란색이에요. 엉덩이도 빨강, 분홍, 파랑 등 다양한 색깔을 띠고 있어서 아주 화려하게 보인답니다.

237. 새는 어떤 특징을 가지고 있을까?

새는 깃털과 날개를 가진 동물이에요. 몸이 가볍고 뼛속이 비어 있어 쉽게 날 수 있어요. 새는 알을 낳아 새끼를 키우고, 날씨가 추워도 체온을 일정하게 유지하는 온혈 동물이에요. 펭귄, 타조 같은 새는 날개는 있지만 날지는 못해요.

tip! 교과 연계 어휘

깃털 새의 몸을 덮고 있는 가벼운 털로, 날개와 함께 비행을 가능하게 만듦
온혈 동물 외부 온도 변화와 상관없이 체온을 일정하게 유지하는 동물

238. 새는 어떻게 날 수 있을까?

새는 가벼운 몸과 강한 날개 근육 덕분에 날 수 있어요. 날개 모양이 공기를 조절해 새가 위로 떠오를 수 있도록 도와줘요. 날개를 퍼덕이면 더 빠르게 날 수 있고, 나무나 땅에 착륙할 때는 꼬리를 이용해 안전하게 멈춰요.

tip! 교과 연계 어휘

근육 몸을 움직이게 해 주는 부드럽고 탄력 있는 조직

239. 맹금류는 어떤 종류의 새일까?

맹금류는 고기를 먹는 새를 말해요. 독수리, 매, 올빼미 같은 새들이 맹금류에 속해요. 맹금류는 시력이 좋아서 높은 곳에 앉아 먹잇감을 찾아요. 날카로운 발톱으로 먹잇감을 사냥한 뒤 단단하고 뾰족한 부리로 고기를 쉽게 찢어 먹는답니다.

tip! 교과 연계 어휘

맹금류 발톱으로 사냥하고 고기를 먹는 새

240. 모든 새의 부리는 같을까?

아니에요. 새마다 부리 모양이 다 달라요. 새들은 각자 먹는 음식과 사냥 방법에 맞게 부리가 발달했어요. 독수리 같은 맹금류는 고기를 찢기 좋은 날카롭고 튼튼한 부리를 가지고 있고, 벌새는 꽃의 꿀을 빨아 먹기 위해 가늘고 긴 부리를 가지고 있어요. 딱따구리는 나무를 쪼아 벌레를 잡기 위해 단단하고 뾰족한 부리를 가지고 있고, 펠리컨은 큰 볼주머니가 붙은 긴 부리가 있어서 물고기를 쉽게 잡을 수 있어요.

tip! 교과 연계 어휘

부리 새나 일부 동물의 길고 뾰족하며 단단한 주둥이

241. 펠리컨의 부리는 얼마나 큰 걸까?

펠리컨은 긴 부리를 가지고 있어요. 아래턱에는 잘 늘어나는 볼주머니가 있지요. 이 볼주머니는 물고기를 잡을 때 아주 중요한 역할을 해요. 펠리컨은 물고기를 잡으면 부리 속에 물과 함께 넣은 다음, 머리를 기울여 물을 뱉어 내고 물고기만 삼켜요. 이 볼주머니에는 최대 11리터의 물을 담을 수 있어서, 펠리컨의 배보다 더 많은 양을 담을 수 있어요!

tip! 교과 연계 어휘

볼주머니 펠리컨의 부리에 달린 큰 주머니로, 신축성이 좋아 쉽게 늘리고 수축함

242. 세상에서 가장 큰 새는 무엇일까?

세계에서 가장 큰 새는 타조예요. 타조는 날지는 못하지만 다리가 길고 강해서 시속 70킬로미터로 달릴 수 있어요. 키는 최대 2.7ㅁ 터까지 자라고, 몸무게는 156킬로그램이나 나가지요. 타조는 깃털과 고기, 가죽으로도 유명하며, 새 중에서 가장 큰 눈을 가지고 있어요. 타조의 눈은 지름 5센티미터로, 일부 포유류의 머리보다도 크답니다!

243. 세상에서 가장 작은 새는 무엇일까?

세계에서 가장 작은 새는 '벌새'예요. 벌새는 너무 작아서 곤충처럼 보일 정도예요. 크기는 약 5센티미터이고, 몸무게는 겨우 1.8그램 정도밖에 되지 않아요. 벌새는 날개를 초당 80번이나 빠르게 퍼덕이며 날 수 있고, 심지어 공중에 가만히 떠 있을 수도 있어요. 벌새의 알은 커피콩보다도 더 작고, 아주 귀여워요!

tip! 교과 연계 어휘

벌새 열대 지방에서 주로 사는 세계에서 가장 작은 새

244. 새는 왜 알을 품을까?

새는 알을 낳은 후 따뜻하게 품어요. 그래야 알 속에서 아기 새가 건강하게 자랄 수 있어요. 알이 너무 차가워지거나 너무 뜨거워지면 아기 새가 잘 자라지 못할 수도 있어요. 어떤 새들은 더운 날씨에 알을 지키기 위해 그늘을 만들어 주기도 하고, 오리처럼 부드러운 깃털로 알을 덮어 보호하는 새도 있어요. 이렇게 알을 품는 것을 '포란'이라고 하지요.

tip! 교과 연계 어휘

포란 부화하기 위하여 암새가 알을 품어 따뜻하게 하는 일

245. 새는 어떻게 이야기할까?

새들은 지저귀고, 울고, 노래를 부르면서 서로 이야기를 해요. 새는 목 아래에 있는 발성 기관으로 다양한 소리를 낼 수 있어요. 짧은 울음소리는 서로 신호를 주고받는 데 쓰이고, 긴 노래는 자기 영역을 알리거나 짝을 찾을 때 사용돼요. 새마다 고유한 소리를 가지고 있어서, 같은 종끼리 쉽게 알아들을 수 있답니다!

tip! 교과 연계 어휘

발성 기관 동물의 몸에서 소리를 내는 기관

246. 가장 큰 알을 낳는 새는 무엇일까?

가장 큰 알을 낳는 새는 타조예요. 타조알은 길이가 15센티미터, 너비가 13센티미터, 무게는 1.4킬로그램 정도로, 달걀보다 30배나 커요! 타조는 땅에 둥지를 만들어 알을 낳는데 낮에는 엄마 타조가, 밤에는 아빠 타조가 알을 품어서 따뜻하게 보호한답니다.

tip! 교과 연계 어휘

둥지 새가 알을 낳거나 깃들이는 곳

247. 새는 왜 깃털이 있을까?

새의 깃털은 단순히 날 때만 필요한 것이 아니에요. 깃털은 새의 몸을 따뜻하게 유지하고, 비나 물에 젖지 않도록 도와주며, 포식자로부터 몸을 숨기는 역할도 해요. 올빼미처럼 부드러운 깃털을 가진 새는 조용히 날 수 있고, 매처럼 짧고 단단한 깃털을 가진 새는 빠르게 날 수 있어요. 물가에 사는 새들은 깃털에 방수 기능이 있어서 물에 젖지 않아요.

tip! 교과 연계 어휘

깃털 새의 몸을 감싸며 비행, 보온, 방수 등 다양한 기능을 수행함

248. 새는 수영을 할 수 있을까?

새는 모두 물에 뜰 수는 있지만, 모든 새가 수영을 잘하는 것은 아니에요. 물갈퀴가 있는 오리, 백조, 거위 같은 새들은 발을 이용해 능숙하게 물 위를 떠다녀요. 펭귄은 특히 물속에서 빠르게 헤엄칠 수 있으며, 마치 물고기처럼 수영할 수 있어요. 반면, 독수리나 참새 같은 새들은 물에서는 잘 움직이지 못한답니다.

tip! 교과 연계 어휘

물갈퀴 발가락 사이에 있는 얇은 막으로, 헤엄칠 때 편리함

249. 세상에서 가장 빠른 새는 무엇일까?

가장 빠른 새는 송골매예요. 송골매는 하늘 높이 날아올라 먹잇감을 발견한 후 엄청난 속도로 내려와 사냥하는데, 급강하할 때 시속 322킬로미터까지 속도를 낼 수 있어요! 하지만 평평하게 날 때 가장 빠른 새는 앨버트로스예요. 날개가 가장 큰 새인 앨버트로스는 시속 127킬로미터로 날아다녀요. 바늘꼬리칼새가 더 빠르다는 의견도 있는데, 정확히 측정된 기록은 없어요.

tip! 교과 연계 어휘

급강하 높은 곳에서 빠르게 아래로 내려가는 비행 기술

250. 새들은 왜 겨울에 남쪽으로 떠날까?

철새들은 계절이 바뀌면 따뜻한 곳을 찾아 이동해요. 겨울이 되면 날씨가 추워지고 먹이가 부족해지기 때문에 남쪽으로 날아가 따뜻한 곳에서 생활하지요. 그리고 날씨가 다시 따뜻해지면 원래 살던 곳으로 돌아와요. 북극제비갈매기는 북극에서 남극까지 이동하는데, 지구에서 가장 멀리 이동하는 새로 알려져 있어요.

tip! 교과 연계 어휘

철새 계절에 따라 이리저리 옮겨 다니며 사는 새

251. 미생물이란 무엇일까?

미생물은 눈에 보이지 않을 정도로 작은 생물이에요. 너무 작아서 현미경으로만 볼 수 있어요. 세균, 바이러스, 곰팡이 등이 미생물에 속해요. 유익한 미생물은 빵을 부풀게 하거나 요구르트를 만드는 데 도움이 되지만, 해로운 미생물은 병을 일으키기도 해요. 우리 주변 어디에나 미생물이 살고 있답니다!

tip! 교과 연계 어휘

미생물 현미경으로만 볼 수 있는 작은 생물
유익한 미생물 발효 과정에 사용되는 곰팡이와 같은 생물
해로운 미생물 질병을 유발하는 바이러스와 세균

252. 식물처럼 보이지만 사실은 동물인 것은 무엇일까?

해삼의 겉모습은 식물처럼 보이지만 실제로는 동물이에요. 해삼은 몸이 길쭉하고 울퉁불퉁해서 오이처럼 생겼지만, 식물과 달리 스스로 움직일 수 있어요. 또한 일부 식물 중에도 동물과 비슷한 특징을 가진 것들이 있어요. 예를 들면 파리지옥이나 벌레잡이통풀 같은 식물은 곤충이나 작은 생물을 잡아먹으며 영양분을 얻어요. 게다가 바닷속에는 식물과 동물의 특징을 모두 가진 생물들도 꽤 많아요. 자연은 정말 신기하지요!

tip! 교과 연계 어휘

해삼 동물이지만 겉모습이 오이를 닮아 식물처럼 보이는 바다 생물

벌레잡이 식물 잎으로 벌레를 잡아 소화·흡수하여 양분을 취하는 식물

253. 식물에 뿌리는 왜 중요할까?

뿌리는 식물이 땅에서 튼튼하게 자랄 수 있도록 도와줘요. 또, 땅속에서 물과 영양분을 흡수해서 식물 전체로 보내요. 어떤 뿌리는 영양분을 저장해서 식물이 힘든 환경에서도 살아남을 수 있도록 해요. 뿌리가 없으면 식물은 자라기 어렵답니다!

254. 식물에 잎은 왜 필요할까?

잎은 식물이 자라는 데 필요한 물을 운반하고, 영양분을 만드는 중요한 역할을 해요. 잎 안의 기공은 햇빛을 이용해 이산화탄소를 산소로 바꾸고, 광합성을 해서 영양분을 만들어요. 이 과정에서 산소는 공기 중으로 내보내져요. 햇빛이 부족한 곳에서는 잎이 커지거나 나무가 자라서 햇빛을 더 많이 받으려 해요. 예를 들어, 열대 우림에서는 나무의 키가 크고 잎이 넓은 이유예요. 잎은 물과 영양소를 저장하고, 단백질과 당분이 풍부해요. 잎은 표피와 엽육 조직, 그 안에 있는 잎맥으로 구성되어 있어요. 물과 미네랄은 물관, 영양분은 체관을 통해 운반돼요. 잎은 단순한 초록색 부분이 아니라, 식물의 '에너지 공장' 같은 역할을 해요!

tip! 교과 연계 어휘

기공 잎이나 줄기의 표면에 있는 작은 구멍으로, 가스를 교환하는 역할을 함
광합성 식물이 햇빛을 이용해 이산화탄소와 물에서 영양분을 만드는 과정
엽육 조직 잎의 내부 조직으로, 광합성이 일어나는 부분
잎맥 잎을 지지하고 물과 영양소를 운반하는 통로
물관 물과 미네랄을 식물의 다른 부분으로 운반하는 관
체관 당분과 같은 영양분을 식물의 다른 부분으로 운반하는 관

255. 나뭇잎은 왜 가을에 색이 변할까?

가을이 되면 햇빛이 줄어들면서 잎의 초록색을 만드는 색소(엽록소)가 점점 사라져요. 그러면 잎 속에 숨어 있던 노란색, 주황색, 빨간색 색소가 나타나면서 단풍이 들어요. 날씨가 더 추워지면 잎은 양분을 줄기로 이동시킨 뒤 말라서 나무에서 떨어져요. 이렇게 떨어지는 잎을 낙엽이라고 해요.

tip! 교과 연계 어휘

- **엽록소** 광합성을 돕는 초록색 색소
- **단풍** 가을에 나뭇잎이 빨강, 노랑, 주황 등 다양한 색으로 변하는 현상
- **잎의 변화** 햇빛 부족 → 엽록소 감소 → 잎 색 변화(단풍) → 낙엽

256. 식물의 줄기는 어떤 역할을 할까?

줄기는 식물이 똑바로 서서 자랄 수 있도록 도와줘요. 또, 뿌리에서 흡수한 물과 영양분을 잎과 꽃, 열매까지 보내는 중요한 길이에요. 줄기가 길어지면 잎이 햇빛을 더 많이 받을 수 있어서 식물이 건강하게 자랄 수 있어요. 감자처럼 줄기에 영양분을 저장하는 식물도 있답니다!

tip! 교과 연계 어휘

- **줄기의 역할** 식물을 지탱하고, 물과 양분을 운반하며, 잎과 열매를 지지하고, 광합성을 돕는 기능을 함
- **줄기의 다양한 형태** 비늘줄기(양파), 덩굴줄기(포도), 덩이줄기(감자), 기는줄기(딸기) 등

257. 나무는 왜 겨울에 잎을 떨어뜨릴까?

겨울이 되면 기온이 매우 낮아지고, 나무의 성장 활동이 느려져요. 추운 날씨에서는 엽록소 생산도 줄어들기 때문에 잎은 갈색으로 변하고 말라 죽게 돼요. 그래서 나무는 겨울 동안 물을 아끼고 영양분을 보존하기 위해 잎을 떨어뜨리고, 줄기 안에 저장된 물과 영양분만으로 겨울을 견뎌요. 나무도 휴식기에 들어가는 셈이죠. 만약 추운 겨울에도 잎을 그대로 달고 있다면, 살아남기 어려울 수 있어요. 하지만 겨울에도 잎을 잃지 않는 나무들도 있어요. 소나무, 삼나무, 전나무 같은 상록수이지요. 이 나무들은 추운 환경에 적응해서 눈이 덮인 땅에서도 깊은 뿌리로 물과 영양분을 흡수할 수 있어요. 봄이 되어 기온이 올라가고 햇빛이 많아지면 새로운 잎이 자라나 나무는 다시 푸르게 변한답니다!

tip! 교과 연계 어휘

낙엽수 겨울에 잎을 떨어뜨려 물과 양분을 보존하는 나무
상록수 겨울에도 잎을 유지하는 나무로, 깊은 뿌리를 통해 양분을 얻음
엽록소 식물에서 광합성을 돕는 녹색 색소
휴식기 식물이 겨울 동안 활동을 멈추고 에너지를 아끼는 시간

258. 식물은 왜 꽃을 피울까?

꽃은 수분을 하기 위해 곤충을 끌어들여요. 수분은 꽃가루가 다른 꽃의 암술머리로 옮겨지는 것을 말해요. 수분을 하지 않으면 식물은 열매를 맺을 수도 없고, 번식할 수도 없어요. 꽃은 화려한 색과 좋은 향기로 곤충들을 꾀이지요. 벌이나 나비는 꽃에 와서 꿀과 꽃가루를 먹다가 몸에 꽃가루를 묻히지요. 그리고 다른 꽃에 날아가서 몸에 묻은 꽃가루를 옮겨요. 이렇게 꽃이 수정되고 열매가 생겨요. 옥수수나 완두콩처럼 곤충들의 도움 없이 스스로 수분을 하는 식물도 있어요. 꽃은 식물이 다음 세대로 생명을 잇는 중요한 역할을 하고 있지요!

tip! 교과 연계 어휘

수분 꽃가루가 암술머리로 옮겨져 수정이 이루어지는 과정
암술머리 암술의 꼭대기에 있어 꽃가루를 받는 부분
수정 암수의 생식세포가 하나로 합쳐짐

259. 씨앗은 어떻게 만들어질까?

열매 속에 있는 씨앗은 앞으로 싹이 터서 새로운 생명을 만들 중요한 부분이에요. 꽃가루가 암술머리에 닿아 수분이 이루어지면 꽃 안에서 씨앗이 만들어져요. 시간이 지나면 꽃은 떨어지고 남은 부분은 열매가 되지요. 씨앗은 열매 속에 있어요. 열매가 다 익으면 땅에 떨어져서 새로운 식물이 되어요. 때로는 동물들이 열매를 먹고 싼 똥에서 싹을 틔우기도 해요. 씨앗은 단단한 껍질로 싸여 있어 소화가 잘되지 않거든요!

tip! 교과 연계 어휘

열매 씨앗을 싸서 보호하고, 씨앗이 퍼지도록 돕는 식물의 부분

260. 씨앗은 어떤 과정으로 자랄까?

씨앗에서 싹이 터지는 것을 '발아'라고 해요. 씨앗이 흙 속에서 물을 충분히 흡수하면 껍질이 터지면서 뿌리가 나와요. 흙 속으로 뻗은 뿌리가 물과 영양분을 빨아들이면 잎이 돋아나 땅 위로 올라오지요. 시간이 지날수록 뿌리는 더 튼튼해지고 잎은 더 많아지면서 점점 식물이 커져요.

씨앗은 사람들이 심어서 키우기도 하고, 동물이나 바람에 의해 다른 곳으로 흩어져 자연적으로 자라기도 해요. 밀이나 쌀 같은 곡식은 일부러 심어 기르는 것이고, 민들레 씨앗은 바람을 타고 날아가 새로운 곳에서 자라지요.

tip! 교과 연계 어휘

씨앗 식물이 새로 자라기 시작하는 부분
발아 씨앗이 새싹으로 자라기 시작하는 과정

261. 식물이 자라는 데 필요한 건 무엇일까?

식물이 자라려면 물, 햇빛, 흙이 꼭 필요해요. 씨앗이 물을 흡수하면 부풀어 오르면서 껍질이 터지고, 안에 있던 아기 식물이 깨어나요. 햇빛은 식물이 광합성을 해서 자라도록 도와주고, 흙 속의 영양분은 뿌리를 통해 식물에게 전달돼요. 하지만 물을 너무 많이 주거나 너무 깊이 심으면 씨앗이 제대로 자라지 못해요. 너무 추운 날씨나 너무 더운 날씨에서도 발아가 어려워요. 또, 강한 화학 물질이 있는 흙에서는 씨앗이 잘 자라지 못한답니다.

262. 날아다니는 씨앗이 있다고?

어떤 씨앗들은 가볍고 작아서 바람을 타고 멀리 날아갈 수 있어요. 민들레 씨앗은 하얀 솜털 같은 날개가 있어서 바람에 실려 멀리 날아가고, 단풍나무 씨앗은 헬리콥터처럼 빙글빙글 돌면서 날아가요. 난초 씨앗은 아주 작아서 먼지처럼 바람을 타고 멀리 날아갈 수 있어요. 이런 씨앗들은 자연스럽게 퍼지면서 새로운 곳에서 자라게 돼요.

263. 나무가 자랄 수 있는 마지막 경계는?

나무가 자랄 수 있는 마지막 한계를 '수목 한계선'이라고 해요. 이 선을 넘으면 날씨가 너무 춥거나 땅이 너무 건조해서 나무가 더 이상 자랄 수 없어요. 수목 한계선 근처에 있는 나무들은 작고 낮게 자라며, 멀리서 보면 나무가 점점 줄어들다가 어느 순간부터 아예 없어지는 것처럼 보이기도 해요. 이런 현상은 높은 산이나 추운 지역에서 자주 볼 수 있어요.

tip! 교과 연계 어휘

- **수목 한계선** 나무가 자라지 못하는 한계 지점으로, 보통 고산 지대나 추운 지역에서 나타남
- **날씨** 특정 지역에서 일어나는 기후 상태로, 기온, 습도, 바람 등이 포함됨

264. 바닷물에서도 자라는 식물은 무엇일까?

바닷물에서도 자라는 식물이 있어요! 그중에서 가장 흔한 식물은 해초예요. 해초는 바닷속 모래에 뿌리를 내려서 자라고, 물속에서도 꽃을 피울 수 있어요. 대표적인 해초로는 터틀그라스가 있어요. 이 식물은 길고 좁은 녹색 잎을 가지고 있고, 얕은 바닷속에서 햇빛을 받으며 자라요. 해초는 물고기와 조개 같은 바다 동물들에게 중요한 집이 되어 주고, 산소를 공급하며, 파도가 빠르게 오는 것을 막고, 해안이 침식되는 것을 방지하는 역할도 해요!

tip! 교과 연계 어휘

해초 바닷속 모랫바닥에 뿌리를 내리고 자라는 식물로, 물속에서 광합성을 하며 성장함
침식 바람, 물, 얼음 등이 땅이나 바위의 표면을 조금씩 부수거나 깎아 내는 과정

265. 어떤 식물은 왜 위험할까?

어떤 식물들은 만지거나 먹으면 위험해요. 덩굴옻나무나 박주가리 같은 식물은 만지면 피부가 가렵고 아플 수 있어요. 또, 어떤 식물은 독이 있어서 먹으면 몸이 아플 수도 있어요. 예를 들어, 당근과 비슷하게 생긴 나도독미나리, 나팔 모양 꽃이 피는 브루그만시아 같은 식물은 독성이 강해서 사람이 먹으면 위험해요. 하지만 독이 있는 식물 중에는 특별한 방법으로 가공하면 약으로 사용할 수 있는 피마자 같은 약용 식물도 있답니다!

tip! 교과 연계 어휘

가공 원재료를 인공적으로 처리하여 새로운 제품을 만들거나 제품의 질을 높임
약용 식물 특별한 성분을 가지고 있어 몸의 병을 고치거나 건강에 도움을 주는 식물

266. 특별한 무기를 가진 식물은 무엇일까?

일부 식물들은 자신을 보호하거나 먹이를 잡기 위해 특별한 '무기'를 가지고 있어요. 파리지옥은 곤충이 벌린 잎 사이로 들어오면 빠르게 닫아서 곤충을 잡아먹고, 벌레잡이통풀은 주머니 같은 잎 속에 곤충이 빠지면 소화액으로 녹여서 먹지요. 끈끈이주걱은 끈적끈적한 점액이 있어서 곤충이 붙으면 도망칠 수 없어요. 이런 식물들은 주로 땅속 영양분이 부족한 곳에서 살아가기 때문에 곤충을 먹어서 필요한 영양분을 얻어요. 이렇게 다양한 무기와 전략을 가진 식물들은 생존을 위해 스스로 사냥하는 방법을 발전시켜 왔어요!

tip! 교과 연계 어휘

영양분 생물이 성장하고 생명 활동을 하는 데 필요한 물질

267. 사람들은 어떤 식물을 먹을까?

사람들은 다양한 식물들을 먹으며 살고 있어요. 식물들은 사람에게 에너지를 주고 건강을 유지하는 데 꼭 필요해요. 쌀, 밀, 옥수수 같은 곡물은 밥이나 빵을 만드는 데 사용되며, 토마토, 감자, 당근 같은 채소는 비타민과 영양이 풍부해요. 또한 사과, 포도, 바나나 같은 과일은 맛도 좋고 건강에도 좋아요. 바질이나 고수 같은 허브는 음식의 맛을 더 좋게 해 줘서 요리에 다양하게 쓰여요. 우리가 즐겨 마시는 차와 커피도 식물을 이용해서 만든 거예요. 차는 잎을 말려서, 커피는 콩을 볶아서 만들지요. 이렇게 식물들은 우리의 식탁을 풍요롭게 해 준답니다.

tip! 교과 연계 어휘

곡물 먹을 수 있는 씨앗을 가진 식물로, 주로 식량으로 사용됨
채소 먹을 수 있는 식물의 뿌리, 줄기, 잎 등을 말함
과일 씨앗을 포함한 식물의 열매

268. 식물을 지키기 위해 무엇을 해야 할까?

누구나 식물을 보호하는 일을 할 수 있어요. 집에 작은 화분이나 텃밭을 만들어 식물을 키우면 식물의 소중함을 깨닫게 되지요. 요즘은 사라질 위험에 놓인 식물들도 있어요. 이런 식물들은 우리가 아끼고 보호해 줘야 해요. 그리고 야생에서 자라는 식물도 함부로 캐면 안 돼요. 다른 곳으로 옮기면 잘 자라지 못하거든요. 자연을 보호하는 단체에 도움을 주거나 참여할 수도 있어요. 또, 종이를 아껴 쓰고, 나무를 심고, 꽃을 가꾸는 것도 좋은 실천이에요. 이렇게 하면 우리 주변에도 작은 자연 공간이 생기고, 지구를 푸르게 지킬 수 있답니다.

tip! 교과 연계 어휘

야생 산이나 들에서 저절로 나서 자람

269. 식물은 우리에게 어떤 도움을 줄까?

식물은 우리 삶에 꼭 필요해요! 식물은 광합성을 하면서 우리가 숨 쉬는 산소를 만들고, 과일, 채소, 곡식 같은 먹을거리를 제공해요. 또한, 나무는 더운 날에 그늘을 만들어 주고, 공기를 맑게 해요. 사람뿐만 아니라 새, 곤충, 다람쥐 같은 동물들도 식물이 있어야 살 수 있어요. 식물 덕분에 우리는 건강하게 살아갈 수 있지요. 그래서 식물을 보호하는 것은 정말 중요해요!

tip! 교과 연계 어휘

광합성 식물이 햇빛을 이용해 이산화탄소와 물에서 영양분을 만들고 산소를 내보내는 과정

270. 사과, 양파, 감자를 같은 맛으로 느낀다고?

사과, 양파, 감자는 각각 다른 맛을 가지고 있지만, 코를 막고 먹으면 비슷한 맛처럼 느낄 수 있어요. 우리가 음식을 씹으면 그 안의 화학 물질이 공기 중으로 퍼지고, 이 냄새가 코의 후각 세포로 전달되어 뇌가 맛을 구별하게 돼요. 하지만 코를 막으면 냄새를 맡을 수 없어 맛을 정확히 구별하기 어려워져요.

tip! 교과 연계 어휘

후각 냄새를 맡는 감각

271. 사과씨에는 정말 독이 있을까?

사과씨에는 '청산'이라는 독이 조금 들어 있어요. 씨앗을 그냥 삼키면 괜찮지만, 많이 씹어 먹으면 몸에 좋지 않을 수 있어요. 특히 어린이는 적은 양에도 영향을 받을 수 있으니 조심해야 해요. 하지만 사과 한 개 정도의 씨는 걱정하지 않아도 괜찮아요!

tip! 교과 연계 어휘

청산 주로 사과, 복숭아, 살구 등의 씨앗에 들어 있는 독성 물질로, 먹었을 때 호흡 곤란 등이 나타남

272. 눈썹은 무슨 일을 할까?

눈썹은 먼지나 땀, 비가 눈에 들어가는 것을 막아줘요. 또 눈썹 덕분에 얼굴을 더 뚜렷하게 알아볼 수 있고, 기쁘거나 놀란 감정을 표현하는 데도 도움이 돼요.

273. 저글링은 왜 뇌에 좋을까?

저글링을 하면 뇌가 더 활발하게 움직여요! 과학자들이 저글링을 연습한 사람들의 뇌를 연구했는데, 뇌 활동이 더 많아지고, 집중력과 손과 눈의 협응력이 좋아지는 것을 발견했어요.

tip! 교과 연계 어휘

저글링 공, 링, 곤봉 같은 물건을 던지고 받으며 균형을 유지하는 기술
집중력 어떤 일에 마음을 쏟고 주의를 기울이는 능력
협응력 여러 가지 움직임이나 작업을 잘 맞춰서 하는 능력

274. 사람들의 피부색은 왜 다를까?

사람들의 피부색은 '멜라닌'이라는 색소의 양에 따라 달라요. 햇빛이 강한 곳에 오래 살면 멜라닌이 많아져 피부가 어두워지고, 햇빛이 적은 곳에 살면 멜라닌이 적어져 피부가 밝아지지요. 사람들 사이에 보이는 피부색의 큰 차이는 오랜 시간 동안 서로 다른 자연환경에 적응하면서 나타난 변화예요.

tip! 교과 연계 어휘

피부색 사람의 피부가 가진 색으로, 멜라닌이라는 색소에 의해 결정됨
멜라닌 피부에 색을 부여하는 색소로, 햇빛에 노출되면 많이 생성되어 피부색이 어두워짐

275. 음식은 삼키면 어디로 갈까?

우리가 음식을 삼키면, 음식은 입안에서 식도로 넘어가요. 위와 연결된 식도는 근육으로 되어 있어요. 식도를 둘러싼 근육은 음식이 위로 이동하도록 쥐어짜고 밀어내는 연동 운동을 한답니다!

tip! 교과 연계 어휘

식도 입과 위를 연결하는 긴 관으로, 삼킨 음식을 위로 보내는 역할을 함
연동 운동 식도의 근육이 스스로 움직여 음식이 위로 내려가도록 돕는 움직임
위 음식이 소화되는 기관으로, 위산과 효소가 음식물을 분해함

276. 음식은 소화되는 데 얼마나 걸릴까?

소화란 음식을 작은 형태로 분해해 우리 몸이 사용할 수 있는 영양소와 에너지를 얻는 과정을 말해요. 음식이 완전히 소화되려면 하루에서 길게는 3일까지 걸릴 수 있어요. 위에서 음식이 부드러워지고, 작은창자에서 영양분이 흡수된 후, 남은 찌꺼기는 몸 밖으로 나가요.

tip! 교과 연계 어휘

소화 음식물이 몸 안에서 분해되어 영양분으로 변하는 과정
영양소 단백질, 비타민, 미네랄 등 몸이 건강하게 움직일 수 있도록 돕는 물질

277. 우리 몸은 무엇으로 이루어져 있을까?

우리 몸의 대부분은 물로 이루어져 있어요! 몸의 약 60%가 물이고, 나머지는 단백질, 지방, 탄수화물, 비타민, 미네랄 같은 다양한 영양소로 구성되어 있어요. 이 물질들은 우리 몸이 건강하게 움직일 수 있도록 도와준답니다.

278. 우리 몸에서 척추는 왜 중요할까?

사람의 척추는 33개의 뼈가 차곡차곡 이어진 구조야!

척추는 우리 몸을 똑바로 세워 주고, 몸을 움직일 수 있게 도와주는 아주 중요한 뼈예요. 척추 안에는 '척수'라는 굵은 신경이 들어 있는데, 이 신경이 뇌와 몸을 이어 주는 다리 역할을 해요. 그래서 우리는 움직이고, 감각을 느끼고, 몸을 제대로 조절할 수 있어요.

tip! 교과 연계 어휘

척추 몸을 지탱하고 보호하는 뼈의 줄기
척수 뇌와 몸을 연결하는 신경 조직
신경 몸의 각 부분에 신호를 전달하는 조직

279. 신장은 우리 몸에서 어떤 일을 할까?

신장은 하루에 180리터의 혈액을 거르지!

신장(콩팥)은 몸속에서 피를 깨끗하게 하는 역할을 해요. 우리가 음식을 먹고 난 후 몸에 남는 찌꺼기와 필요 없는 물을 걸러서 소변으로 보내요. 신장이 잘 작동해야 몸속에 나쁜 물질이 쌓이지 않고 건강을 유지할 수 있어요!

tip! 교과 연계 어휘

신장 몸에서 노폐물과 여분의 물을 걸러 내어 소변을 만드는 기관

280. 머리카락과 손톱은 무슨 일을 할까?

머리카락과 손톱은 '케라틴'이라는 같은 단백질로 만들어져 있어요. 머리카락은 몸의 열을 조절하고 피부를 보호해요. 단단한 손톱은 손가락 끝을 보호해 줄 뿐 아니라, 물건을 집거나 조작할 때 더 섬세하게 움직일 수 있도록 도와준답니다.

tip! 교과 연계 어휘

케라틴 머리카락과 손톱을 만드는 단백질로, 단단한 성질을 가지고 있음

281. 머리카락과 손톱은 얼마나 빨리 자랄까?

머리카락은 한 달에 약 1.25센티미터 자라고, 손톱은 한 달에 약 3밀리미터 자라요. 머리카락이 손톱보다 더 빨리 자라지만, 사람마다 성장 속도는 다를 수 있어요. 또한, 날씨가 따뜻한 봄과 여름에는 머리카락이 더 빨리 자라고, 추운 겨울에는 더 천천히 자라요.

282. 머리카락과 손톱을 자를 때 왜 아프지 않을까?

머리카락과 손톱은 피부 위로 나온 부분이 죽은 세포로 이루어져 있기 때문에 자를 때 아프지 않아요. 하지만 머리카락을 세게 잡아당기거나 손톱을 너무 짧게 자르면 피부 속에 있는 신경이 자극을 받아 아플 수 있어요.

283. 딸꾹질은 왜 생길까?

딸꾹질은 밥을 너무 빨리 먹거나, 탄산음료를 마시거나, 춥거나 놀랐을 때 생겨요. 이때 횡격막이라는 근육이 깜짝 놀라듯 갑자기 움직이면서 공기가 목으로 빨려 들어가고, 그 순간 성대가 닫히면서 "딸꾹" 소리가 나는 것이지요. 물을 마시거나 숨을 참으면 딸꾹질을 멈추는 데 도움이 될 수 있어요.

tip! 교과 연계 어휘

횡격막 숨을 쉴 때 사용하는 근육으로, 호흡할 때 폐가 확장되도록 도와주는 역할을 함
성대 소리를 내는 목 안의 기관

284. 숨을 쉴 때 산소는 왜 중요할까?

산소는 우리 몸이 에너지를 만드는 데 꼭 필요해요. 우리가 숨을 쉬면 공기 속 산소가 폐로 들어가고, 혈액을 통해 몸 전체로 퍼져요. 산소는 우리가 움직이거나 생각하는 데 필요한 에너지를 만들어 줘요. 반대로 숨을 내쉴 때는 몸에 필요 없는 이산화탄소를 밖으로 내보낸답니다.

tip! 교과 연계 어휘

- **산소** 몸속 세포가 에너지를 만드는 데 필요한 기체
- **이산화탄소** 세포에서 나온 노폐물로, 숨을 내쉴 때 배출되는 물질
- **적혈구** 혈액 속에 들어 있는 붉은색의 고형 성분으로, 적혈구 속에 있는 헤모글로빈이 산소를 몸의 각 부분에 나르는 역할을 함

285. 우리는 어떻게 숨을 쉴까?

우리가 코나 입으로 숨을 들이쉬면 공기는 기도를 통해 폐로 가요. 그 공기 속 산소가 혈액으로 전달되고, 몸의 모든 세포에 보내져요. 그리고 몸에서 만들어진 이산화탄소는 다시 혈액을 타고 폐로 가서 숨을 내쉴 때 함께 나가요. 폐는 풍선처럼 부풀었다가 줄어들면서 이 과정을 반복해요.

tip! 교과 연계 어휘

- **기도** 호흡할 때 공기가 지나가는 길
- **폐** 산소를 흡수하고 이산화탄소를 내보내는 기관
- **세포** 몸을 이루는 가장 작은 단위로, 세포들이 모여서 조직을 만들고, 여러 조직이 모여서 기관을 만듦

286. 우리는 언제 숨을 더 빨리 쉴까?

우리는 평소에 가만히 있을 때는 천천히 숨을 쉬어요. 하지만 달리기나 다른 운동을 하면 몸이 더 많은 산소를 필요로 해서 숨을 더 빠르게 쉬게 돼요. 반대로 잠을 잘 때는 몸이 쉬고 있어서 숨을 더 천천히 쉬어요.

tip! 교과 연계 어휘

호흡 속도 평소에는 1분에 12~20번 숨을 쉬지만, 활동이 많아지면 숨 쉬는 횟수가 늘어남

287. 왜 재채기를 할까?

재채기는 먼지나 꽃가루 같은 것이 콧속으로 들어왔을 때, 몸이 그것을 밖으로 내보내려고 하는 반응이에요. 코가 자극을 받으면 갑자기 숨을 내뿜으면서 "에취!" 하는 소리와 함께 이물질을 내보내요. 감기에 걸렸을 때나 알레르기가 있을 때도 재채기를 자주 할 수 있어요.

tip! 교과 연계 어휘

알레르기 특정 물질에 민감하게 반응해 재채기나 기침 등 몸에 이상이 생기는 증상

288. 폐는 어떻게 움직일까?

폐는 숨을 쉬게 하는 중요한 기관이에요. 사람의 폐는 가슴 속에 있어요. 그래서 숨을 쉬면 가슴이 오르락내리락하지요. 폐는 크기가 크고 잘 늘어나는 조직으로 되어 있어요. 코나 입으로 들이마신 공기는 기도를 지나 폐까지 전달되어요.

폐의 표면은 얇은 막으로 덮여 있고, 그 안에는 공기와 혈액이 드나드는 스펀지처럼 부드럽고 탄력 있는 조직이 있어요. 폐 안에는 '폐포'라고 부르는 아주 작은 풍선 모양의 공기주머니가 가득해요. 숨을 들이쉴 때는 폐 속에 들어온 산소가 폐포를 둘러싸고 있는 모세혈관으로 들어가고, 숨을 내쉴 때는 이산화탄소가 모세혈관에서 폐포로 나와 몸 밖으로 빠져나가요. 이렇게 숨을 쉴 때마다 산소를 받아들이고 이산화탄소를 내보내는 과정을 반복하는 것이지요!

tip! 교과 연계 어휘

폐포 폐 안에 있는 작은 풍선 모양의 공기 주머니로, 산소와 이산화탄소가 교환되는 곳
모세혈관 혈액을 운반하는 아주 작은 혈관으로, 폐포 주위를 감싸며 가스를 교환함

289. 우리는 어떻게 사물을 볼 수 있을까?

우리는 눈으로 들어오는 빛을 받아들여 사물을 볼 수 있어요. 빛이 눈에 들어오면 각막과 동공, 그리고 수정체를 지나 망막까지 도달해요. 망막이 빛을 느끼면 그 신호가 뇌로 보내지고, 뇌가 이 신호를 해석해 우리가 무엇을 보고 있는지 알 수 있게 돼요. 두 눈이 함께 움직이면 거리나 모양을 더 정확하고 뚜렷하게 볼 수 있어요.

tip! 교과 연계 어휘

사물 우리가 일상에서 볼 수 있는 모든 물건이나 물체
각막 눈의 앞부분을 덮고 있는 투명한 부분
동공 눈 가운데의 검은 원 모양으로, 빛이 들어오는 크기를 조절하는 부분
망막 눈 안쪽에 있는 신경으로, 빛을 받아들여 뇌로 전달하는 부분

290. 눈물은 왜 나는 걸까?

눈에는 눈물샘이 있어서 눈을 깨끗하고 촉촉하게 유지하기 위해 눈물을 만들어 내요. 우리가 눈을 깜빡일 때 눈물은 눈 표면을 덮고, 눈 안쪽에 있는 눈물관을 통해 흘러가요. 눈물이 나는 이유는 여러 가지가 있어요. 슬프거나 기쁠 때 감정이 거세지면 눈물샘이 더 많은 눈물을 만들고, 먼지나 매운 음식처럼 눈을 자극하는 것이 들어오면 눈물이 나와서 씻어 내요. 또한, 눈이 너무 건조해지지 않도록 눈물을 계속 만들어서 보호해 줘요.

tip! 교과 연계 어휘

눈물샘 눈물이 만들어지는 곳으로, 눈을 촉촉하게 하고 깨끗하게 유지하는 역할을 하는 기관

눈물관 눈에서 만들어진 눈물이 몸속으로 흘러가는 작은 통로

291. 동공은 왜 크기가 달라질까?

동공은 눈 가운데 있는 검은 부분이에요. 눈으로 빛이 들어오는 통로이지요. 어두운 곳에 가면 동공은 커지고, 밝은 곳에 가면 동공은 작아져요. 동공을 둘러싼 홍채라는 막이 동공의 크기를 늘렸다 줄였다 하며 빛이 들어오는 양을 조절하는 거예요. 그래서 갑자기 밝은 곳에서 어두운 곳에 가면 눈이 적응하는 데 시간이 걸려서 잠시 안 보이기도 해요. 반대로 어두운 곳에서 밝은 곳으로 가면 눈이 부시지요.

tip! 교과 연계 어휘

동공 눈 가운데 있으며, 빛이 들어가는 검은 부분
홍채 동공을 둘러싸고 있는 둥근 모양의 얇은 막으로, 동공의 크기를 조절함

292. 사람마다 눈 색깔이 왜 다를까?

눈 색깔은 눈에 있는 홍채라는 부분에서 결정돼요. 홍채는 사람마다 색깔이 다르고, 그 색깔은 부모님으로부터 물려받아요. 그래서 부모님이 갈색 눈이면 자녀도 갈색 눈일 가능성이 커요. 전 세계에는 파란색, 갈색, 초록색, 검은색 등 다양한 눈 색깔이 있어요. 눈 색깔은 시력에는 영향을 주지 않아요.

293. 당근을 먹으면 어두운 곳에서도 잘 보일까?

당근에는 베타카로틴이라는 성분이 많아요. 이 성분은 우리 몸에서 비타민 A로 바뀌어요. 비타민 A는 눈이 건강하게 기능하도록 도와주고, 특히 어두운 곳에서 잘 볼 수 있도록 해 줘요. 비타민 A가 부족하면 야맹증이 생겨서 어두운 곳에서 사물을 잘 보지 못할 수도 있어요. 하지만 당근을 많이 먹는다고 해서 밤에 특별한 능력이 생기는 건 아니에요. 그냥 눈 건강을 유지하는 데 도움이 되는 것이지요!

tip! 교과 연계 어휘

베타카로틴 몸 안에서 비타민 A로 바뀌어 눈 건강을 돕는 물질
비타민 A 눈이 어두운 곳에서도 잘 볼 수 있도록 도와주는 중요한 영양소
야맹증 비타민 A 부족으로 인해 어두운 곳에서 잘 보이지 않는 증상

294. 색맹은 어떤 걸까?

색맹은 색을 잘 구별하지 못하거나 다른 색깔로 잘못 보는 상태예요. 보통 빨간색과 녹색을 구별하지 못하는 경우가 많아요. 심한 경우에는 모든 색을 회색으로 보기도 해요. 색맹은 유전적으로 물려받는 경우가 많지만, 때때로 눈이나 시각 신경을 다쳤을 때 생기기도 해요.

tip! 교과 연계 어휘

유전적 색맹 부모로부터 유전적으로 물려받아 발생하는 색 구별 장애
전색맹 모든 색을 구별하지 못하고 회색으로만 인식하는 심한 색맹 상태

295. 우리는 어떻게 냄새를 맡을까?

우리는 코를 통해 냄새를 맡아요. 숨을 들이마시면 공기 속의 냄새 분자가 코 안으로 들어가고, 코 안에 있는 후각 신경이 이 냄새를 감지해요. 그러면 신경이 뇌로 신호를 보내서 우리가 어떤 냄새인지 알게 돼요. 감기에 걸려서 코가 막히면 냄새를 잘 맡을 수 없어요.

tip! 교과 연계 어휘

후각 신경 냄새를 감지하고 뇌로 신호를 전달하는 신경

296. 혀는 무슨 역할을 할까?

혀는 우리가 맛을 느끼고, 음식을 씹고, 삼키고, 말하는 데 중요한 역할을 해요. 입안 아래쪽에 붙어 있는 혀는 여러 근육들과 연결돼 있어요. 혀 표면은 부드러운 점막으로 덮여 있는데, 음식의 온도나 질감을 느낄 수 있어요. 혀에는 미각 세포가 있는 작은 돌기들이 있어요. 이 미각 세포는 맛을 느끼고, 뇌로 맛 정보를 전달해요. 음식을 먹을 때 혀는 침과 함께 음식을 골고루 섞고, 잘게 씹힌 음식을 식도를 통해 위로 보내요. 또한 혀는 말을 할 때도 중요한 역할을 해요. 혀가 입천장이나 이에 닿으면서 다양한 소리가 만들어져요. 건강한 혀는 분홍색으로 촉촉하며, 부드럽고 매끄러워요. 혀는 소화, 말하기, 감각을 모두 도와주는 중요한 기관이에요.

tip! 교과 연계 어휘

미각 세포 맛을 느끼게 해 주는 감각 세포로, 혀에 있는 미뢰 속에 있음

297. 사람의 후각은 얼마나 뛰어날까?

사람의 후각은 다른 동물들에 비해 아주 예민하지는 않지만, 여러 가지 냄새를 잘 구별할 수 있어요. 우리는 향기로운 냄새부터 고약한 냄새까지 많은 종류의 냄새를 맡고 구분할 수 있어요. 냄새를 맡고 어떤 냄새인지 알아채기까지는 몇 초밖에 걸리지 않아요. 냄새의 세기는 냄새의 양, 냄새와의 거리, 냄새 자체의 성질에 따라 달라져요. 예를 들어, 썩은 음식물 쓰레기 냄새는 멀리서도 맡을 수 있지만, 꽃향기나 향수 냄새는 가까이 가야 느낄 수 있어요. 또, 감기에 걸리면, 코가 막히거나 후각 신경이 약해져서 냄새를 거의 느끼지 못하게 돼요. 후각은 코와 후각 신경이 건강해야 잘 작동한답니다!

tip! 교과 연계 어휘

후각 냄새를 맡는 감각
후각 신경 냄새를 맡을 때 자극을 뇌로 전달하는 신경

298. 입냄새는 왜 나는 걸까?

입냄새는 여러 가지 이유로 생겨요. 이를 깨끗이 닦지 않으면 입속에 남은 음식 찌꺼기가 썩으면서 냄새가 날 수 있어요. 위에서 올라오는 가스나 충치 때문에 입냄새가 나기도 해요. 때로는 오랫동안 음식을 먹지 않거나 향이 강하고 맛이 진한 음식을 먹어도 입냄새가 생겨요. 혀가 깨끗하지 않거나, 감기에 걸리거나 입안에 문제가 있을 때도 냄새가 날 수 있어요. 양치질을 잘하고 건강한 음식을 먹으면 입냄새를 줄일 수 있어요!

299. 나이가 들면 왜 주름이 생길까?

몸을 둘러싼 피부는 시간이 지날수록 점점 탄력을 잃어요. 젊을 때는 피부가 촉촉하고 탄력이 있지만, 나이가 들면 피부가 점점 건조해지고 늘어나면서 주름이 생겨요. 자주 얼굴을 찌푸리면 굵은 주름이 생기기도 해요. 중력도 피부를 아래쪽으로 계속 잡아당겨서 늘어나게 만들지요. 햇빛을 많이 쬐거나 피부를 잘 관리하지 않으면 주름이 더 빨리, 더 많이 생길 수도 있어요.

tip! 교과 연계 어휘

피부 몸의 가장 바깥면을 싸고 있는 조직으로, 신체 보호, 체온 조절, 노폐물 배출 등의 기능을 함

주름 피부 탄력이 줄어들어 생기는 얇은 선

300. 땀은 왜 나는 걸까?

땀은 몸의 온도를 조절하는 중요한 역할을 해요. 몸이 더워지면 땀샘에서 땀이 나오고, 이 땀이 증발하면서 몸이 식어요. 또, 땀은 몸속의 노폐물을 내보내는 역할을 해요. 땀은 땀샘에서 만들어지는데, 우리 몸에는 두 가지 종류의 땀샘이 있어요. 온몸에 있는 에크린 땀샘은 노폐물과 수분을 배출해 체온을 낮추는 역할을 하고, 겨드랑이와 눈꺼풀 등에 있는 아포크린 땀샘은 지방 성분의 땀을 내보내요. 아포크린 땀샘에서 나온 땀이 피부의 박테리아와 만나면 냄새가 날 수 있어요. 손바닥과 발바닥은 다른 부위보다 땀샘이 많아서 땀이 더 많이 나지요.

tip! 교과 연계 어휘

땀 사람의 피부에서 나오는 짭짤한 액체로, 더울 때나 운동할 때, 긴장하거나 열이 날 때 분비됨

땀샘 땀을 만들어 몸 밖으로 내보내는 샘

301. 운동할 때 왜 땀이 더 많이 날까?

운동을 하면 몸이 열을 많이 내기 때문에 땀이 더 많이 나요. 땀이 나면서 몸의 열이 식으면 체온이 내려가지요. 조금 땀이 나는 것은 자연스러운 반응이지만, 너무 많이 흘리면 몸에 수분이 부족해져요. 그래서 운동할 때는 탈수 증상이 생기지 않게 물을 충분히 마시는 것이 중요해요.

tip! 교과 연계 어휘

탈수 증상 몸속의 수분이 모자라서 일어나는 증상

302. 목욕을 하면 왜 손가락이 쭈글쭈글해질까?

목욕이나 수영을 오래 하면 손가락이나 발가락 끝이 쭈글쭈글해져요. 그동안 사람들은 물을 머금은 피부가 부풀어 올라 주름이 생긴 거라고 생각했어요. 하지만 최근 연구에 의하면, 신경이 혈관을 수축시켜서 피부 표면이 오그라드는 것이라고 해요. 물속에 손이나 발을 오래 담그면, 피부의 땀샘이 열리고 물이 피부 속으로 스며들지요. 그러면 피부 속의 염분 농도가 낮아지고, 신경이 뇌에 신호를 보내요. 뇌는 혈관을 수축하라고 명령을 내리고, 그래서 피부의 부피가 줄어들면 표면이 쭈글쭈글해지는 것이지요.

303. 우리는 왜 소름이 돋을까?

소름은 피부의 작은 근육이 수축하면서 생기는 현상이에요. 추위를 느끼거나 무섭거나 놀랄 때, 털 주변의 작은 근육이 움직이면서 털이 서고 피부가 오돌토돌해져요. 소름이 돋을 때의 피부가 털을 뽑은 닭의 껍질 같다고 '닭살'이라고 부르기도 해요. 긴장을 하거나 무서울 때면 혈관이 수축하면서 피부의 온도가 내려가는데, 이때 체온을 지키기 위해 소름이 돋는 거예요.

304. 직모와 곱슬머리는 어떻게 정해질까?

머리카락이 직모인지 곱슬머리인지는 부모님에게서 물려받은 유전자에 따라 결정돼요. 머리카락 속에는 단백질이 포함된 구조가 있는데, 이 구조가 많이 구부러져 있으면 곱슬머리가 되고, 곧으면 직모가 돼요. 사람마다 머리카락 모양이 다른 이유는 유전자에 의해 머리카락의 구조가 달라지기 때문이에요!

tip! 교과 연계 어휘

유전자 부모에게 물려받은 유전적 정보

305. 웃음뼈는 우리 몸 어디에 있을까?

어쩌다 팔꿈치를 딱딱한 곳에 세게 부딪히면 전기가 통한 것처럼 손끝까지 짜릿할 때가 있어요. 이때 부딪힌 부분을 '웃음뼈'라고 부르기도 하는데, 사실은 뼈가 아니라 신경이에요. 이 신경을 '자신경' 또는 '척골 신경'이라고 하는데, 팔꿈치에서 새끼손가락까지 이어져 있어요. 그래서 세게 부딪히면 손끝까지 찌릿한 느낌이 나는 거예요. 이런 느낌이 재미있어서 '웃음뼈'라는 이름이 생겼답니다.

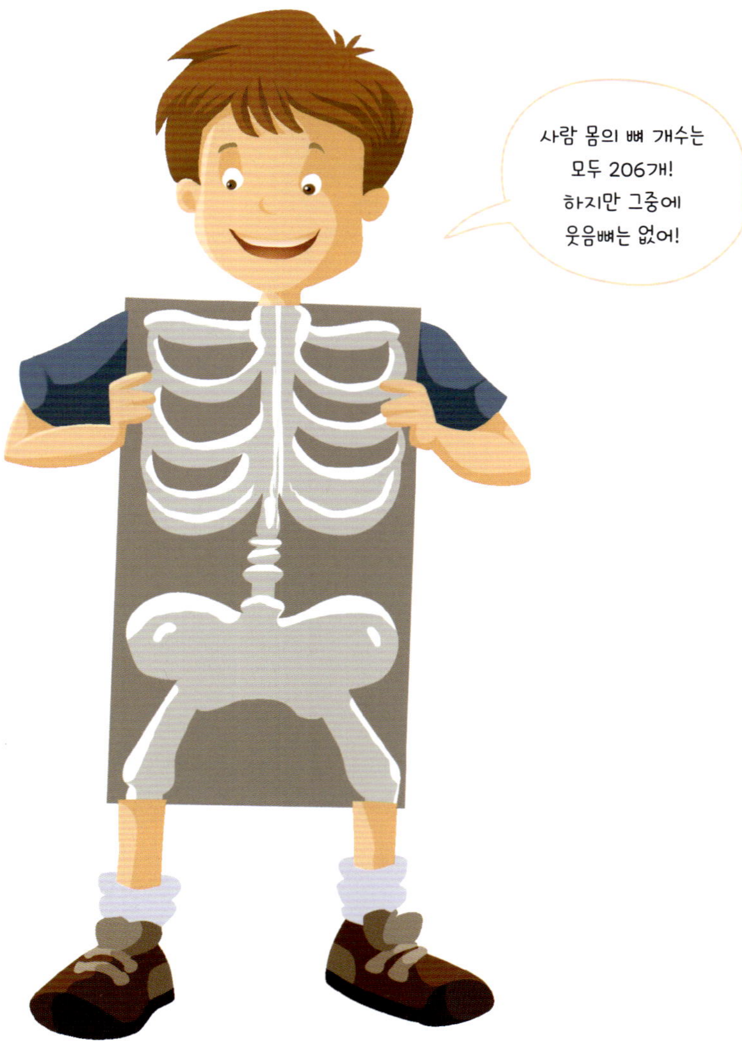

tip! 교과 연계 어휘

자신경(척골 신경) 손과 손가락의 감각과 움직임을 조절하는 주요 신경

306. 근육은 우리 몸에서 무슨 일을 할까?

근육은 우리가 움직일 수 있도록 도와주는 중요한 기관이에요. 근육은 힘줄과 살을 통틀어 이르는 말이에요. 걷거나 뛰는 것처럼 우리가 스스로 움직일 수 있는 근육도 있고, 심장이 뛰거나 음식을 소화하는 것처럼 우리가 신경 쓰지 않아도 자동으로 움직이는 근육도 있어요.

307. 근육은 어떻게 움직일까?

우리 몸의 근육은 수의근과 불수의근으로 나뉘어요. 수의근은 우리가 마음대로 움직일 수 있는 근육이에요. 팔을 들거나 걷는 데 쓰이는 근육이지요. 뼈에 붙어 있는 골격근이 바로 수의근이에요. 불수의근은 우리가 신경 쓰지 않아도 자동으로 움직이는 근육이에요. 소화 작용을 하는 내장의 대부분과 심장이 해당하지요.

tip! 교과 연계 어휘

수의근 의도적으로 조절할 수 있는 근육
불수의근 자동으로 작동하는 근육
골격근 몸을 움직이게 하는 근육

308. 소화는 어떻게 되는 걸까?

음식은 먹는 순간부터 소화가 시작돼요. 입에서 씹어 잘게 부순 음식은 침과 섞여 식도를 통해 위로 내려가요. 위는 음식을 더 잘게 부수고 소화액을 섞고 주물러서 죽처럼 만들어요. 작은창자는 음식물에서 영양분을 흡수하고, 큰창자는 남은 물을 빨아들인 뒤 찌꺼기를 몸 밖으로 내보내요.

tip! 교과 연계 어휘

소화 음식을 작은 형태로 분해하여 영양소를 흡수하고, 필요 없는 부분은 배출하는 과정
소화액 음식 분해를 돕는 위액과 소화 효소
영양소 몸에 필요한 물질로, 작은창자에서 흡수되어 에너지와 성장에 사용됨

309. 치아는 무슨 일을 할까?

치아는 음식을 잘게 부수고 씹는 데 꼭 필요해요. 앞니는 음식을 베어 물고, 뾰족한 송곳니는 음식을 찢는 역할을 해요. 어금니는 음식을 작게 으깨고 갈아 줘요. 치아는 음식을 씹을 뿐만 아니라 우리가 말을 할 때 발음을 정확하게 할 수 있도록 도와주기도 한답니다!

tip! 교과 연계 어휘

법랑질 이의 표면을 덮어 상아질을 보호하는 단단한 물질
상아질 치아를 이루는 노란빛을 띤 흰색의 단단한 물질

310. 혈액은 무슨 일을 할까?

혈액은 우리 몸을 건강하게 유지하는 여러 가지 역할을 한답니다. 혈액은 폐에서 산소를 받아 몸 곳곳으로 전달하고, 우리가 먹은 음식에서 나온 영양소를 필요한 곳으로 보내며, 몸의 온도를 일정하게 유지해요. 혈액 속의 백혈구는 몸속에 들어온 병균을 없애 우리 몸을 보호해요. 혈액은 우리 몸에서 아주 중요한 역할을 하는 소중한 존재랍니다!

tip! 교과 연계 어휘

혈액 사람이나 동물의 몸 안의 혈관을 돌며 산소와 영양분을 공급하고, 노폐물을 운반하는 붉은색의 액체

311. 심장이 하는 일은 무엇일까?

심장은 우리 몸속에서 혈액을 보내는 펌프 역할을 해요. 산소가 부족한 혈액이 심장으로 들어오면, 심장은 이 혈액을 폐로 보내 산소를 받게 해요. 산소를 받은 혈액이 다시 심장으로 돌아오면 심장은 수축해서 이 혈액을 온몸으로 보내지요. 심장은 하루에 약 10만 번이나 뛰면서 계속 혈액을 순환시켜요.

tip! 교과 연계 어휘

심장 일정한 간격으로 수축하며 혈액을 몸 전체로 보내는 근육으로, 4개의 방으로 이루어져 있음
순환 물질이나 혈액이 일정한 경로를 따라 계속해서 돌아가는 과정

312. 심장은 몸 어디에 있을까?

사람의 심장은 가슴안에서 가운데보다 살짝 왼쪽에 있는데, 주먹보다 살짝 큰 크기의 근육이에요. 심장은 4개의 방으로 되어 있는데, 위쪽 2개는 심방, 아래쪽 2개는 심실이라고 불러요. 온몸을 돌고 온 혈액은 우심방으로 들어가 우심실로 내려가고, 다시 폐로 가서 산소를 받아 좌심방으로 가요. 좌심방에서 좌심실로 간 혈액은 온몸으로 보내져요.

tip! 교과 연계 어휘

심방 심장의 위쪽 방으로, 혈액을 받아 심실로 보냄
심실 심장의 아래쪽 방으로, 심방에서 받은 혈액을 온몸이나 폐로 보냄

313. 우리는 심장 박동을 느낄 수 있을까?

가슴에 손을 대면 심장이 뛰는 걸 느낄 수 있어요. 또, 다른 사람의 가슴에 귀를 대면 "쿵쿵" 하는 소리를 들을 수도 있어요. 이런 심장의 박동을 '심박'이라고 해요. 운동하거나 긴장할 때는 심장이 빨리 뛰어서 심박도 빨라지지요!

tip! 교과 연계 어휘

심박수 일정 시간 동안 심장이 뛰는 횟수로, 성인의 평균 심박수는 1분당 60~100회

314. 숨을 쉴 때 몸속에 들어온 공기는 어떻게 될까?

숨을 들이마시면 횡격막이 수축하고 폐가 커지면서 공기가 들어와요. 공기는 기도를 지나 기관지, 그리고 폐 속의 작은 공기주머니(폐포)에 도달해요. 여기에서 산소가 혈액으로 들어가고, 혈액은 온몸으로 산소를 퍼뜨려요. 그다음, 몸에서 나온 이산화탄소가 다시 폐로 와서 숨을 내쉴 때 몸 밖으로 나가요. 하지만 담배를 피우면 폐가 약해져서 산소를 제대로 흡수하지 못할 수 있어요.

tip! 교과 연계 어휘

횡격막 배와 가슴을 분리하는 막으로, 호흡할 때 폐가 확장되고 수축되도록 돕는 근육

315. 하품은 왜 나오는 걸까?

하품은 졸리거나 지루할 때면 저절로 나오는 반응이지만, 사실은 뇌를 식혀서 더 잘 움직이게 하려는 것이에요. 하품을 하면서 깊게 숨을 들이쉬면 신선한 공기가 들어가 콧속 혈관의 온도를 낮추고, 차가워진 혈액을 뇌로 보내요. 물론 산소도 한꺼번에 많이 들어오기 때문에 피곤함도 줄어들지요. 같이 있는 사람이 하품을 하면 옆에 있는 사람이 따라 할 때도 있어요. 하품 전염은 서로 공감하는 능력 때문에 생긴다고 해요.

tip! 교과 연계 어휘

전염 다른 사람의 병이나 습관, 기분 등이 옮음

공감 남의 감정, 의견, 주장에 자기도 그렇다고 느낌

316. 미세 먼지는 왜 건강에 나쁠까?

미세 먼지는 눈에 보이지 않을 정도로 아주 작은 먼지를 말해요. 미세 먼지는 매우 작아서 숨을 쉴 때 폐포 끝까지 들어와 바로 혈관으로 들어가기도 해요. 미세 먼지에 많이 노출되면 목이 답답하거나 기침이 나기도 하고, 심하면 질병이 생기거나 건강이 나빠질 수도 있어요. 그래서 미세 먼지가 심한 날은 되도록 외출을 하지 않거나 바깥에 나갈 때는 꼭 마스크를 써야 해요.

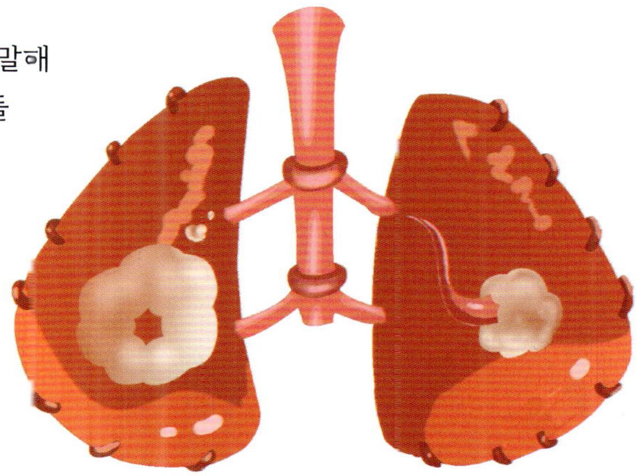

317. 뇌는 우리 몸에서 무슨 일을 할까?

뇌는 우리 몸의 지휘관으로, 우리가 생각하고, 느끼고, 움직이는 모든 활동을 조절해요. 또한, 심장이 뛰고 숨을 쉬는 것처럼 우리가 의식하지 않아도 자동으로 생명을 유지하는 기능을 관리해요. 뇌가 건강해야 몸도 건강할 수 있답니다!

318. 안경은 왜 쓰는 걸까?

눈은 사물에 반사된 빛을 받아들이고, 그 빛을 뇌로 보내 우리가 사물을 볼 수 있도록 해 줘요. 그런데 눈으로 본 사물의 모습이 망막의 정확한 위치에 초점이 맺히지 않으면 또렷하게 볼 수 없어요. 이럴 때는 안경을 써서 망막에 초점이 제대로 맞도록 도와줘야 해요.

tip! 교과 연계 어휘

초점 사물을 가장 똑똑하게 볼 수 있도록 맞추는 점

319. 귀는 어떻게 소리를 들을까?

귀는 소리의 진동을 감지해 뇌로 전달하는 역할을 해요. 소리가 귀로 들어오면 고막이 진동하고, 이 진동은 작은 뼈인 이소골을 통해 증폭돼요. 증폭된 진동이 내이의 달팽이관에 도달하면 전기 신호로 바뀌고, 뇌가 이 신호를 해석해 우리가 소리를 듣는 거예요!

tip! 교과 연계 어휘

이소골 고막 안쪽에 있는 세 개의 작은 뼈인 망치뼈, 모루뼈, 등자뼈이며, 고막의 진동을 전달
증폭 소리나 신호를 더 크고 강하게 만드는 과정
내이 소리의 진동을 신경 신호로 변환하여 뇌로 전달하는 기관
달팽이관 포유류의 귀 안에 있는 달팽이 모양의 관으로 소리의 진동을 청각 신경에 전달
청각 신경 소리 정보를 뇌로 전달하는 역할을 하는 신경

320. 코는 무슨 일을 할까?

코는 숨을 쉬고 냄새를 맡는 중요한 역할을 해요. 코 안에는 작은 털이 있어서 공기 속 먼지를 걸러 주고, 공기를 따뜻하고 촉촉하게 만들어 폐가 건강하도록 도와줘요. 또한 코는 냄새를 맡는 일을 해요. 음식 냄새나 좋은 향기 등도 맡지만, 때로는 가스나 타는 냄새, 상한 음식의 냄새를 맡아서 우리가 안전하게 몸을 지킬 수 있도록 도와주지요.

321. 감기에 걸리면 왜 음식 맛이 잘 안 느껴질까?

코와 혀는 함께 작용해서 우리가 음식을 맛있게 느낄 수 있도록 도와줘요. 하지만 감기에 걸리면 코가 막혀 냄새를 맡을 수 없게 되고, 냄새를 맡지 못하면 혀가 느낄 수 있는 맛도 줄어들어 음식이 싱겁고 맛없게 느끼는 거예요.

tip! 교과 연계 어휘

감기 바이러스 감염으로 인해 기침, 콧물, 코막힘, 발열 등의 증상이 나타나는 질병
바이러스 살아 있는 세포 안에 들어가면 수를 늘려 병을 일으키는 아주 작은 미생물

322. 수두는 어떤 병일까?

수두는 수두-대상포진 바이러스에 의해 생기는 병으로, 주로 어린아이에게 많이 걸리는 전염병이에요. 피부에 붉고 둥근 발진이 났다가 물집으로 변하는데, 몹시 가렵지요. 또한 열이 나고, 피곤하거나 식욕이 떨어지기도 해요. 수두는 전염성이 강해 수두에 걸린 사람과 가까이 있으면 쉽게 옮을 수 있어요.

tip! 교과 연계 어휘

발진 피부에 나타나는 빨갛거나 가려운 반점으로, 수두에서는 물집 형태로 발진이 나타남

전염성 병이 쉽게 다른 사람에게 전파되는 성질

323. 우리는 왜 가끔 아플까?

우리는 일상생활에서 보이지 않는 바이러스나 세균과 접촉하게 되는데, 면역 체계가 대부분 막아 주지만, 너무 많은 미생물이 들어오면 병에 걸릴 수 있어요. 또한 건강하지 않은 음식이나 오염된 물을 먹거나, 모기 같은 해로운 곤충에 물려도 아플 수 있어요. 또 비를 맞으면 체온이 떨어지고 면역 체계가 약해져서 감기에 걸리기 쉽답니다!

tip! 교과 연계 어휘

면역 체계 몸속으로 들어오는 나쁜 세균이나 바이러스와 싸우고 질병에서 몸을 스스로 보호하는 기관 및 세포를 통틀어 이르는 말

324. 배꼽은 왜 몸에 있을까?

배꼽은 우리가 엄마 뱃속에 있을 때 영양분과 산소를 받던 탯줄의 흔적이에요. 태아일 때는 탯줄을 통해 필요한 영양분을 얻지만, 태어난 뒤 탯줄이 잘리고 그 자리에 배꼽이 남아요. 사람마다 배꼽 모양은 지문처럼 모두 다르답니다.

tip! 교과 연계 어휘

탯줄 태아와 어머니를 연결하여 산소와 영양분을 공급하고 노폐물을 배출하는 관

325. 잠은 꼭 자야 하는 걸까?

잠을 충분히 자야 뇌와 몸이 쉬면서 다시 회복할 수 있어요. 우리가 자는 동안 뇌는 하루 동안의 정보를 정리하고 기억을 더 잘하게 만들어요. 또 몸도 자라거나 상처가 아물며 건강을 되찾지요. 잠을 푹 자고 나면 기분도 좋아지고 힘도 생겨요. 반대로 잠이 부족하면 쉽게 피곤해지고 건강도 나빠질 수 있어요.

tip! 교과 연계 어휘

수면 부족 수면이 부족하면 피로, 집중력 저하, 면역력 약화 등의 문제가 발생함

326. 우리는 왜 꿈을 꿀까?

우리의 뇌는 기억과 정보가 저장되는 큰 창고와 같아요. 우리가 어떤 일이나 사람을 기억하지 못하더라도, 그 정보는 뇌 속 어딘가에 저장되어 있는 경우가 많아요. 어떤 과학자들은 우리가 잠을 자는 동안 뇌가 무의식적으로 그 저장된 기억들과 감정, 기분을 섞어서 꿈을 만든다고 생각해요. 그래서 꿈속에서는 낯선 장소, 이상한 이야기, 현실과 다른 장면들이 뒤섞여 나오는 경우가 많아요. 얕은 잠을 자는 렘수면일 때 꿈을 많이 꾸며, 이때 꾸는 꿈은 기억에 잘 남아요.

tip! 교과 연계 어휘

렘수면 꿈이 많이 나타나고 눈이 빠르게 움직이는 수면 단계로, 뇌가 활발하게 활동하며 기억과 감정을 정리하는 역할을 함

327. 몽유병은 왜 생기는 걸까?

몽유병은 잠을 자면서 걸어 다니거나 다른 행동을 하는 현상이에요. 몽유병이 있는 사람은 눈을 뜨고 있기도 하지만 완전히 깨어 있지는 않고, 다음 날 아침이 되면 자신이 뭘 했는지 기억하지 못할 수도 있어요. 스트레스, 수면 부족, 가족력 등이 몽유병의 원인이 될 수 있어요. 잠든 채 돌아다니면 다칠 위험도 있어서 주의가 필요해요.

tip! 교과 연계 어휘

가족력 환자의 가족이나 가까운 친척들의 건강 상태나 병 등의 유전적인 특성

328. 시간은 어디에서나 같을까?

아니에요. 지구가 둥글고 스스로 돌기 때문에 지역마다 시간이 달라요. 예를 들어, 한국이 아침이면 미국은 밤일 수 있어요. 세계는 협정 세계시(UTC)라는 기준 시간, 즉 세계 표준 시간을 정해서 사용하고 있어요. 지구를 24개 지역으로 나누어 각 지역의 시간이 1시간씩 다르게 만든 거예요. 한국은 협정 세계시보다 9시간 빠르고, 영국은 협정 세계시와 같아요.

tip! 교과 연계 어휘

협정 세계시(UTC) 전 세계에서 시간을 표준화하기 위해 사용하는 기준 시간

329. 우리는 왜 달력을 사용할까?

달력은 일 년 동안의 날짜와 요일, 달, 행사일 등을 정리해 놓은 표예요. 시간을 정리하고 계획할 때 편리하게 사용하지요. 하루는 지구가 한 바퀴 도는 시간이며, 한 달은 달이 지구를, 일 년은 지구가 태양 주위를 한 바퀴 도는 시간이랍니다. 달력 덕분에 중요한 날을 기억하고 계획을 세울 수 있어요.

tip! 교과 연계 어휘

달력 날짜와 요일을 나타내며 하루, 한 달, 일 년의 흐름을 기록한 표

330. 윤년은 왜 4년에 한 번 있을까?

윤년은 4년에 한 번씩 오는 특별한 해예요. 보통 일 년은 365일이지만, 사실 지구가 태양을 한 바퀴 도는 데는 약 365일 6시간이 걸려요. 이 추가된 6시간이 4년 동안 쌓이면 하루(24시간)가 되는데, 그 하루를 조정하기 위해 2월에 하루를 더 추가한 해가 바로 윤년이에요. 그래서 윤년이 있는 해는 일 년이 366일이 된답니다!

tip! 교과 연계 어휘

윤년 4년에 한 번씩 돌아오는 366일인 해로, 지구의 공전 시간을 정확히 반영하여 계절의 변화와 달력 간의 오차를 바로잡음

331. 날씨는 왜 계속 바뀔까?

지구는 태양 주위를 돌면서 약 23.5도 기울어진 상태로 자전해요. 이 때문에 태양빛이 지구에 닿는 양이 달라지고, 공기 온도도 변하게 돼요. 따뜻한 공기는 위로 올라가고 차가운 공기는 아래로 내려오면서 바람이 불어요. 바람이 구름을 움직이면 비가 내리거나 날씨가 변해요. 이렇게 해서 계절이 바뀌고, 날씨가 매일 다르게 나타난답니다!

332. 오존층은 무슨 일을 할까?

하늘 높이 있는 오존층은 지구를 보호하는 방패예요. 오존이라는 기체가 모여 태양에서 오는 강한 자외선을 막아 주거든요. 오존층이 없으면 우리 피부가 쉽게 타고, 눈도 다칠 수 있어요. 하지만 자동차 매연이나 공장 연기, 프레온 가스가 많아지면 오존층이 얇아질 수 있어요. 우리가 환경을 깨끗하게 지키면 오존층도 튼튼해질 수 있답니다!

tip! 교과 연계 어휘

오존층 지구의 성층권에 있으며 오존이 밀집된 층으로, 태양에서 오는 유해한 자외선을 막아 줌
프레온 가스 냉장고, 에어컨, 스프레이 등에 쓰이는 화합물로, 오존층을 파괴하는 원인 중 하나

333. 햇빛은 왜 조심해야 할까?

햇빛은 우리 몸에 좋기도 하지만, 너무 오래 쬐면 위험할 수도 있어요. 햇빛 속에는 자외선이라는 보이지 않는 빛이 들어 있어요. 이 자외선이 피부를 타게 하는데, 오래 쬐면 주름이 생기거나 심하면 피부암이 생길 수도 있어요. 눈도 자외선에 오래 노출되면 아플 수 있어요. 그래서 햇빛이 강한 날에는 모자와 선글라스를 쓰고, 자외선 차단제를 바르는 게 좋아요!

tip! 교과 연계 어휘

자외선 태양에서 방출되는 보이지 않는 광선으로, 피부와 눈에 영향을 줄 수 있는 빛

334. 번개는 왜 치는 걸까?

번개는 비 오는 날 하늘에서 번쩍하는 밝은 빛이에요. 구름 속에서는 따뜻한 공기와 차가운 공기가 만나면서 전기가 생겨요. 이 전기가 너무 많이 쌓이면 하늘에서 땅으로, 혹은 다른 구름으로 '번쩍' 하면서 번개가 내려요. 번개는 엄청나게 뜨겁고 밝아서, 순간적으로 태양보다 더 밝게 빛날 수도 있답니다!

tip! 교과 연계 어휘

번개 구름과 구름, 구름과 땅 사이 공중에서 전류가 흐를 때 생기는 번쩍이는 불꽃으로, 천둥도 함께 생김

335. 왜 번개가 먼저 보이고 천둥은 나중에 들릴까?

천둥은 번개가 칠 때 아주 뜨거운 열이 생겨 공기가 급격히 팽창하면서 내는 큰 소리예요. 그런데 번쩍 하고 번개가 먼저 빛나고 잠시 뒤에 꽈르릉 천둥소리가 들려요. 그 이유는 빛이 소리보다 훨씬 빠르기 때문이에요. 번개가 멀리 있을수록 천둥소리는 더 늦게 들린답니다!

tip! 교과 연계 어휘

빛의 속도 빛이 이동하는 속도로, 1초에 약 30만 킬로미터를 움직이며, 우주에서 가장 빠른 속도임

소리의 속도 공기 중에서 1초에 약 343미터를 이동하며, 온도나 지나가는 물질에 따라 달라짐

336. 비는 왜 하늘에서 내릴까?

공기 속에는 수증기가 숨어 있어요. 이 수증기가 하늘 높이 올라가면 차가운 공기를 만나서 작은 물방울이 돼요. 물방울들이 모여 구름이 되고, 구름 속의 물방울이 점점 무거워지면 땅으로 떨어져요. 이렇게 해서 비가 내리는 거예요! 만약 날씨가 몹시 춥다면 물방울이 얼어서 눈이 내릴 수도 있어요.

tip! 교과 연계 어휘

구름 하늘에 떠 있는 작은 물방울이나 얼음 결정들이 모여 만든 것으로, 비나 눈이 내리는 원인이 됨

337. 안개는 어떻게 생기는 걸까?

안개는 땅 가까이에 생기는 구름이에요. 밤이나 새벽에 공기가 차가워지면 공기 속의 수증기가 작은 물방울로 변해요. 응결된 물방울이 땅이나 강, 호수 가까이에 떠 있으면 안개가 되는 거예요. 안개가 짙으면 앞이 잘 보이지 않아서, 자동차도 천천히 달려야 한답니다!

tip! 교과 연계 어휘

응결 수증기가 차가운 공기를 만나 물방울로 변하는 과정

338. 무지개는 언제 생기는 걸까?

무지개는 비가 내리고 나서 햇빛이 비칠 때 생겨요. 햇빛은 사실 여러 가지 색으로 이루어져 있지만, 우리 눈에는 투명하게 보여요. 그런데 빗방울 속으로 햇빛이 들어가면, 빛이 굴절되고 반사되면서 여러 색으로 분산이 돼요. 그래서 하늘에 빨강, 주황, 노랑, 초록, 파랑, 남색, 보라색 일곱 가지 색의 무지개가 생기는 거예요!

tip! 교과 연계 어휘

굴절 빛이 다른 물질을 통과할 때 방향이 꺾이는 현상
분산 합쳐져 있던 여러 개의 빛이 각각의 색띠로 갈라지는 현상

339. 하늘이 파란색인 이유는 무엇일까?

빛이 공기를 통과할 때, 공기 속에 있는 작은 입자들이 빛을 여러 방향으로 퍼뜨려요. 햇빛에는 여러 색이 섞여 있는데, 그중에서 파란색 빛이 가장 많이 퍼져서 우리 눈에 하늘이 파랗게 보이는 거예요.

tip! 교과 연계 어휘

파장 빛이 한 번 진동하는 거리

340. 노을의 색깔은 왜 주황색일까?

노을이 주황색으로 보이는 이유는 해가 질 때 햇빛이 공기를 훨씬 더 오래 지나가기 때문이에요. 낮에는 햇빛이 짧은 거리만 지나면서 파란빛이 퍼지지만, 저녁이 되면 햇빛이 지구 대기를 더 길게 지나가야 해요. 이 과정에서 파란빛은 흩어지고, 파장이 긴 빨간빛과 주황빛만 남아 하늘을 물들이게 돼요. 그래서 해가 질 때 우리는 주황색이나 붉은색의 아름다운 노을을 볼 수 있답니다!

341. 계절에는 어떤 종류가 있을까?

계절은 규칙적으로 되풀이되는 자연 현상에 따라서 일 년을 구분한 것이에요. 지구가 자전축이 기울어진 채 태양 주위를 돌기 때문에 계절이 생기지요. 온대 지방은 기온의 차이를 기준으로, 네 계절로 구분해요. 새싹이 나고 꽃이 피는 봄, 덥고 낮이 긴 여름, 열매가 맺히고 낙엽이 지는 가을, 춥고 밤이 긴 겨울이지요. 열대 지방은 비가 많이 오는 우기와 건조한 건기로 나누어요. 북반구와 남반구는 계절이 반대라서, 북반구가 겨울이면 남반구는 여름이랍니다!

tip! 교과 연계 어휘

온대 지방 기후가 비교적 온화하고, 대체로 사계절이 뚜렷한 지역
열대 지방 적도를 중심으로 있으며, 대체로 기온이 높고 비가 많이 오는 지역

342. 몬순은 어떤 바람일까?

몬순은 계절에 따라 방향이 달라지는 바람이에요. '몬순'이라는 말은 아랍어 '마우심'에서 온 것인데, '계절'이라는 뜻이에요. 그래서 몬순을 계절풍이라고 부르기도 하지요. 여름에는 바다에서 대륙으로, 겨울에는 대륙에서 바다로 불어요. 몬순이 부는 지역은 여름에는 무덥고 비가 많으며, 겨울에는 춥고 건조해요. 몬순이 부는 지역은 서아프리카, 호주, 인도, 동남아시아 등이 있는데, 우리나라도 몬순의 영향을 받아요.

몬순은 육지와 바다의
기온 차이 때문에 발생해.

tip! 교과 연계 어휘

몬순 계절에 따라 방향이 바뀌는 강한 바람

343. 우박은 어떻게 생기는 걸까?

우박은 하늘에서 떨어지는 얼음덩어리예요! 비가 내리려고 할 때, 구름 속의 물방울이 아주 차가운 공기를 만나면 얼어 버려요. 이렇게 만들어진 작은 얼음이 위아래로 계속 움직이면서 점점 커지다가 무거워지면 땅으로 떨어져요. 우박은 보통 콩알 크기지만, 때로는 야구공만큼 클 수도 있어요.

tip! 교과 연계 어휘

우박 공중에서 물방울이 얼어 만들어진 단단한 얼음덩어리

344. 눈보라는 어떤 날씨일까?

눈보라는 겨울에 바람이 아주 강하게 불면서 많은 눈이 내리는 폭풍이에요. 눈보라가 일어나면 기온이 크게 내려가고, 강한 바람이 눈을 휘몰아쳐 앞을 잘 볼 수 없어요. 심한 눈보라가 치면 도로가 얼어붙어서 차를 타고 다니기도 어려워요. 그래서 눈보라가 칠 때는 따뜻한 곳에서 안전하게 있는 게 좋아요!

tip! 교과 연계 어휘

눈보라 강한 바람에 불리어 휘몰아쳐 날리는 눈
폭풍 매우 강한 바람이 불고, 많은 비나 눈이 내리는 기상 현상

345. 모래 폭풍은 왜 발생할까?

모래 폭풍은 사막에서 강한 바람이 불 때 발생해요. 바람이 땅의 모래와 먼지를 공중으로 날려 보내면서 커다란 먼지구름을 만들어요. 모래 폭풍이 심하면 눈을 뜨기 어려울 정도로 공기가 뿌옇게 변하지요. 어떤 모래 폭풍은 몇 시간 동안 계속될 수도 있어서 그 지역에 사는 사람들은 마스크를 쓰거나 실내로 몸을 피한답니다!

tip! 교과 연계 어휘

사막 비가 거의 오지 않아 매우 건조하고, 식물이 거의 자라지 않는 넓은 지역

346. 허리케인은 얼마나 빠르게 돌까?

허리케인은 바다에서 만들어지는 강한 폭풍이에요. 허리케인은 시속 119~250킬로미터 정도의 빠른 속도로 회전하며, 강한 바람과 폭우가 함께 생겨요. 허리케인의 세기는 1등급부터 5등급까지 나뉘고, 숫자가 높을수록 더 강력해요. 가장 강한 5등급 허리케인은 집과 나무를 쓰러뜨릴 정도로 강한 바람을 일으킬 수 있어요. 북반구에서 허리케인은 반시계 방향으로 회전한답니다!

tip! 교과 연계 어휘

폭우 짧은 시간 동안 매우 많은 비가 내리는 현상

347. 토네이도란 무엇일까?

토네이도는 엄청나게 빠르게 회전하는 깔때기 모양의 회오리바람이에요. 차가운 공기와 더운 공기가 만나서 공기의 움직임이 빨라지면 토네이도가 생기는데, 주로 넓은 평지가 많은 미국에서 만들어져요. 바람이 부는 속도가 초속 17미터보다 강하기 때문에 토네이도는 지나가는 길에 있는 모든 것들을 진공청소기처럼 휩쓸어 버리지요. 토네이도는 짧은 시간 동안 발생하지만, 엄청난 피해를 줄 수 있는 무서운 자연 현상이랍니다!

348. 쓰나미는 어떻게 생겨날까?

쓰나미는 지진이나 화산 폭발로 만들어지는 거대한 해일의 한 종류예요. 지진이 발생하면 바다 아래에서 큰 충격이 생기고, 이 충격이 바닷물을 밀어 올려 엄청난 파도를 만들어 내요. 쓰나미는 해안가로 밀려오면서 집과 건물을 휩쓸어 버릴 정도로 강력해요. 그래서 쓰나미 경보가 울리면 안전을 위해 높은 곳으로 대피해야 해요!

tip! 교과 연계 어휘

- **해일** 해저의 지각 변동이나 해상의 기상 변화에 의하여 갑자기 바닷물이 크게 일어서 육지로 넘쳐 들어오는 현상
- **경보** 태풍, 호우, 대설, 폭염, 한파 등의 기상 현상으로 중대한 피해가 발생할 수 있어 특별한 주의가 필요함을 알리는 것

349. 집중 호우는 무엇일까?

집중 호우는 갑자기 엄청난 양의 비가 한꺼번에 쏟아지는 현상이에요. 보통 비는 천천히 내리지만, 집중 호우는 마치 하늘에서 양동이로 물을 붓는 것처럼 많은 양의 비를 순식간에 퍼부어요. 짧은 시간 동안 많은 비가 내려서 도로가 잠기거나 홍수가 날 수도 있어요. 이런 폭우가 내릴 때는 안전한 곳에서 비를 피하는 게 좋아요!

350. 세계 최초의 승객 열차는 무엇일까?

세계 최초로 사람을 태운 열차는 1807년 영국 웨일스에서 운행한 '멈블스 열차'예요. 이 열차는 하루에 두 번 운행되었는데, 말이 철로 위에서 끌었고, 한 번에 12명의 승객을 태울 수 있었어요. 처음에는 '오이스터마우스 철도'라고 불렀는데, 웨일스 스완지 근처의 오이스터마우스 지역을 지나갔기 때문이었지요. 원래는 석탄 같은 화물을 운반하기 위해 만들어졌지만, 나중에 승객도 태우게 되면서 '멈블스 열차'라는 새로운 이름이 붙었어요. '멈블스'는 웨일스에 있는 바닷가 마을이에요.

351. 기관차는 어떻게 기차를 움직일까?

기관차는 기차를 움직이게 하는 힘을 가진 특별한 차량이에요! 객차를 끌거나 밀어서 기차가 달릴 수 있도록 도와줘요. 처음에는 증기로 움직였지만, 지금은 전기나 디젤 엔진을 사용해 더 빠르고 효율적으로 달릴 수 있어요.

tip! 교과 연계 어휘

기관차 기차를 끌어서 움직이게 하는 동력 차량
기차 여러 개의 객차나 화물차를 연결하여 철길 위를 달리는 교통수단
증기 물이 뜨거운 열로 끓어올라 기체가 된 상태
디젤 엔진 경유를 연료로 사용해 기계를 움직이는 장치

352. 초고속 열차는 얼마나 빠를까?

초고속 열차는 아주 빠르게 달리는 기차예요. 일본에서 처음 나온 신칸센을 시작으로, 우리나라의 KTX, 프랑스의 TGV, 독일의 ICE, 중국의 CRH, 에스파냐의 AVE 같은 다양한 고속 열차들이 개발되었어요. KTX는 최고 시속 330킬로미터로 서울에서 부산까지 약 2시간 30분 만에 도착할 수 있어요. 초고속 열차는 유선형 디자인으로 공기 저항을 줄여 더 빠르게 달릴 수 있어요. 초고속 열차는 먼 거리를 빠르게 이동할 수 있는 편리한 교통수단이지요.

353. 세상에서 가장 긴 철도는 무엇일까?

세계에서 가장 긴 철도는 러시아의 '시베리아 횡단 철도'예요. 이 철도는 모스크바에서 시작해 러시아 동쪽 블라디보스토크까지 이어져 있으며, 총 길이가 약 9,288킬로미터나 되지요. 지구 둘레의 4분의 1만큼 긴 이 철도는 러시아를 가로지르는 중요한 교통로예요!

tip! 교과 연계 어휘

모스크바 러시아의 수도로, 크렘린과 붉은 광장이 유명함

블라디보스토크 러시아 시베리아에 있는 항구 도시로, 시베리아 횡단 열차의 종착점

354. 자동차도 증기로 달릴 수 있을까?

자동차는 증기로도 달릴 수 있어요. 1678년에 중국으로 파견된 벨기에의 선교사, 페르디난드 베르비스트가 작은 증기 장치를 바퀴에 달아 모형 자동차를 만들었어요. 이후 1769년에는 프랑스의 니콜라스 조세프 퀴뇨가 군대의 대포를 운반할 수 있는 증기 수레를 개발했어요. 그 뒤 영국, 독일 등 여러 나라에서 증기 자동차를 개발했고 나날이 발전했지요. 1906년에 미국에서 만든 증기 자동차 '로켓'은 시속 200킬로미터를 넘기며 세계에서 가장 빠른 기록을 세웠어요. 하지만 증기 자동차는 예열 시간이 오래 걸리고 연료 효율이 좋지 않아 점차 사용이 줄었고, 대신 가솔린 자동차와 전기 자동차가 더 널리 쓰이게 되었어요. 지금은 사용되지 않지만, 증기 자동차는 교통수단이 발전하는 과정에서 아주 중요한 역할을 했답니다!

tip! 교과 연계 어휘

증기 자동차 석탄, 나무 등 다양한 연료로 물을 끓여 만든 증기의 힘으로 움직이는 자동차

예열 기계나 장비를 사용하기 전에 미리 가열하거나 작동시켜 적절한 온도나 상태로 만드는 과정

355. 자동차가 사용하는 연료는 어떤 것이 있을까?

자동차는 보통 휘발유나 디젤 같은 석유 연료를 사용해 달려요. 하지만 요즘에는 바이오 연료, 전기, 수소 연료 전지처럼 환경을 생각한 연료를 사용하는 자동차도 많아지고 있어요. 전기 자동차는 배기가스를 내보내지 않아 공기를 깨끗하게 지킬 수 있고, 수소 자동차는 수소와 산소가 만나 전기를 만들 때 깨끗한 물만 배출해서 아주 친환경적이에요. 앞으로는 환경을 보호할 수 있는 연료를 사용하는 자동차가 더 많이 늘어날 거예요!

tip! 교과 연계 어휘

바이오 연료 식물이나 곡물, 동물성 지방 등에서 만들어진 친환경 연료
수소 연료 전지 수소와 산소의 화학 반응을 이용해 전기를 생산하는 전지

356. 전기 자동차는 어떻게 기름 없이 달릴 수 있을까?

전기 자동차는 전기로 움직이는 자동차예요! 배터리에 저장된 전기로 모터를 돌리기 때문에 휘발유나 디젤을 사용할 때처럼 배기가스를 내뿜지 않아요. 그래서 공기를 더럽히지 않고, 석유(화석 연료) 소비도 줄일 수 있어요. 요즘은 충전소도 많아져서 전기 자동차를 더 쉽게 이용할 수 있답니다!

tip! 교과 연계 어휘

전기 배터리 충전해서 사용하는 에너지 저장 장치
모터 전기 에너지로부터 회전력을 얻는 기계

357. 대서양을 최초로 비행한 사람은 누구일까?

찰스 린드버그는 1927년에 역사상 처음으로 혼자 비행기를 타고 대서양을 건넌 사람이에요. 그는 '세인트 루이스의 정신'이라는 이름의 비행기를 타고 뉴욕에서 출발해 33시간 30분 만에 프랑스 파리에 도착했어요. 아멜리아 이어하트는 1928년에 대서양을 건너는 비행에 승객으로 참여한 여성 최초의 인물이 되었고, 1932년에는 혼자 대서양을 건넌 첫 여성 조종사가 되어 큰 업적을 남겼어요.

tip! 교과 연계 어휘

찰스 린드버그 대서양을 세계 최초로 단독 비행한 항공기 조종사
아멜리아 이어하트 최초의 여성 대서양 단독 비행 조종사

358. 비행기는 얼마나 높이 날 수 있을까?

우리나라 국내선 비행기는 보통 약 7.5~8.8킬로미터 높이에서 날아요. 국제선 비행기는 이보다 더 높은 약 10.7~12.2킬로미터 상공에서 운항해요. 이 구간은 공기의 영향을 덜 받아 비행하기에 가장 알맞은 높이예요. 비행기는 더 높이 날 수 있지만, 연료를 아끼고 안전하게 운항하기 위해 주로 이 범위에서 날아요.

비행기가 다니는 정해진 길을 '항공로'라고 불러!

tip! 교과 연계 어휘

운항 배나 비행기가 정해진 항로나 목적지를 오고 감
상공 땅에서 위로 올라간 높은 하늘

359. 세상에서 가장 빠른 여객기는 무엇일까?

가장 빠른 여객기는 '콩코드' 비행기예요! 콩코드는 음속보다 빠른 시속 2,180킬로미터(마하 2.04)로 날 수 있고, 뉴욕에서 런던까지 단 3시간 만에 도착할 정도로 빨랐어요. 하지만 운영 비용이 너무 비싸고, 소닉 붐(음속 돌파 시 발생하는 소리 충격) 등의 문제로 인해 2003년 운항이 중단되었어요. 현재 상용 운항 중인 여객기 중 가장 빠른 기종은 보잉 747-8i와 에어버스 A380으로, 순항 속도가 약 1,050킬로미터(마하0.85)예요. 캐나다에서 만든 '글로벌 8000'은 시속 1,160킬로미터(마하 0.94)로, 곧 운항될 예정이에요!

tip! 교과 연계 어휘

마하 비행기, 로켓 등의 속도를 재는 단위로, 1마하는 약 시속 1,224킬로미터
순항 속도 배나 항공기 등이 연료 효율을 가장 높여 경제적으로 다닐 때의 속도

360. 비행기는 얼마나 멀리 날아갈 수 있을까?

비행기가 얼마나 멀리 날 수 있는지는 비행기의 크기와 실을 수 있는 연료량에 따라 달라요. 에어버스 A350-900ULR은 항속 거리가 아주 길어, 최대 약 17,964킬로미터를 날 수 있어요. 그래서 싱가포르에서 뉴욕까지도 쉬지 않고 비행할 수 있지요. 보잉 787-9 드림라이너는 약 13,950킬로미터, 에어버스 A350-1000은 약 16,112킬로미터를 비행할 수 있어요. 이런 대형 여객기들은 연료를 많이 실을 수 있어서 바다도 중간에 멈추지 않고 건널 수 있지만, 작은 비행기는 연료량이 적어 몇백 킬로미터 정도만 날고 다시 연료를 채워야 한답니다.

tip! 교과 연계 어휘

항속 거리 항공기나 선박이 한 번 실은 연료만으로 계속 갈 수 있는 최대 거리

361. 태평양을 처음으로 횡단한 사람은 누구일까?

찰스 킹스포드 스미스는 처음으로 태평양을 비행기로 건넌 조종사예요. 1928년 스미스는 1명의 부조종사와 2명의 승무원과 함께 미국 캘리포니아에서 출발해 하와이와 피지를 거쳐 호주 브리즈번에 도착했어요. 이 횡단 비행은 당시 큰 도전이었고, 그의 이름은 지금도 호주의 유명한 공항 이름에 사용될 만큼 항공 역사에서 중요한 의미를 가지고 있어요.

362. 네트워크란 무엇일까?

네트워크는 서로 연결된 길을 말해요. 집과 집을 잇는 전화선처럼, 정보가 오가는 통로예요. 컴퓨터 네트워크는 여러 대의 컴퓨터가 연결되어 자료와 자원을 함께 나눠 쓰는 구조예요. 보통 중심이 되는 컴퓨터인 서버를 통해 연결되고, 안에는 작은 네트워크가 포함되기도 해요. 연결된 거리나 크기에 따라 구별하는데, 가까운 곳을 연결한 근거리 통신망(LAN)과 멀리 떨어진 곳을 연결한 광역 통신망(WAN)이 있어요. 이렇게 연결된 덕분에 우리는 멀리 있어도 쉽게 정보를 주고받을 수 있답니다.

tip! 교과 연계 어휘

네트워크 여러 컴퓨터나 기기가 서로 연결되어 정보를 주고받는 구조
서버 네트워크에서 중심이 되는 컴퓨터
근거리 통신망(LAN) 가까운 거리에서 컴퓨터가 연결된 네트워크
광역 통신망(WAN) 멀리 떨어진 곳의 컴퓨터가 연결된 네트워크

363. 인터넷 주소의 www의 의미는 무엇일까?

www는 'World Wide Web'의 약자로, 인터넷에서 웹사이트 주소를 입력할 때 앞에 붙는 부분이에요. '세계를 거미줄처럼 연결한 넓은 웹 공간'이라는 뜻을 가지고 있지요. 웹사이트는 글, 사진, 동영상 같은 다양한 정보를 보여주는 곳으로, 우리가 인터넷에서 정보를 쉽게 찾을 수 있도록 도와준답니다.

tip! 교과 연계 어휘

웹사이트 인터넷에서 정보를 보고, 검색하고, 쇼핑하거나 소식을 나눌 수 있는 온라인 공간(예: 네이버, 유튜브, 구글)

364. 웹사이트란 무엇일까?

웹사이트는 인터넷에 있는 여러 개의 웹 페이지를 모아 둔 곳이에요! 예를 들어, 만화나 게임, 뉴스 같은 정보를 한곳에서 볼 수 있게 모아 둔 것이지요. 웹사이트에 들어가면 가장 먼저 보이는 페이지를 '홈페이지'라고 부르며, 이곳에서 버튼이나 메뉴를 눌러 다른 페이지로 이동할 수 있어요!

tip! 교과 연계 어휘

웹사이트의 구성 요소

- **도메인 이름** 웹사이트의 주소(예: www.example.com)
- **홈페이지** 웹사이트의 첫 번째 화면
- **하이퍼링크** 클릭해서 다른 페이지로 이동할 수 있는 요소
- **호스팅** 웹사이트를 인터넷에 연결하기 위해 웹 서버를 사용하는 방식

365. 무선 네트워크란 무엇일까?

무선 네트워크는 인터넷을 선 없이 사용할 수 있도록 해 주는 기술이에요! 와이파이처럼 전파를 통해 신호를 주고받아서, 스마트폰이나 태블릿을 어디서든 쉽게 연결할 수 있어요. 덕분에 인터넷 사용이 훨씬 더 편리해졌어요!

tip! 교과 연계 어휘

무선 네트워크의 종류

- **와이파이(Wi-Fi)** 무선 주파수 신호를 이용해 인터넷과 데이터를 주고받는 근거리 무선 네트워크 기술
- **블루투스** 짧은 거리에서 장치 간 데이터를 전송하는 기술
- **셀룰러 네트워크** 모바일 기기를 위한 무선 통신망

무선 네트워크의 장점

- **이동성** 어디서든 인터넷 접속이 가능
- **간편성** 물리적 케이블이 없어 설치가 쉽고 깔끔함
- **확장성** 새로운 장치를 쉽게 연결

무선 네트워크의 단점

- **신호 강도 변동** 주변 환경에 따라 연결 품질이 달라질 수 있음
- **보안 문제** 암호화되지 않은 네트워크는 해킹 위험이 높음

초등학생을 위한 추천 도서

차근차근 따라하다 보면 영어 실력이 쑥쑥

하루 한 장 초등 영어

스프링북

하루 한 장 | 초등 영문법 한 권으로 끝 (저학년)
하루 한 장 | 읽기, 듣기, 쓰기, 말하기가 되는 4skills 초등필수영단어
하루 한 장 | 초등필수영단어 + 사이트워드 따라쓰기
하루 한 장 | 초등영어 파닉스 + 발음기호
교육부 지정 | 초등필수영단어 한 권으로 끝

수업 시간 자신감을 키워 주는

초등 필수 개념 학습서

스프링북

교과서가 쉬워지는 초등 필수 백과 | 기초 상식 Q&A 365
교과서가 쉬워지는 초등 필수 백과 | 과학 · 기술 Q&A 365
탄탄수학 | 초등 수학 개념 총정리 한 권으로 끝
탄탄국어 | 하루 한 장 초등 필수 사자성어 200

어휘력이 공부력이다

가로세로 낱말퍼즐

스프링북

초등교과 어휘왕 | 가로세로 낱말퍼즐 (입문) - 예비초등
초등교과 어휘왕 | 가로세로 낱말퍼즐 (초급)
초등교과 어휘왕 | 가로세로 낱말퍼즐 (중급)
초등교과 어휘왕 | 가로세로 낱말퍼즐 (고급)

소중한 가치를 배우고 같이 쑥쑥 자라는 초등 창작 동화

같이쑥쑥 가치학교

친구를 사귀는 아주 간단한 마법 - 존중하기
두근두근 마음이 말해요 - 마음 표현하기
으랏차차! 뭉치면 힘이 세져 - 협동하기
달빛 용사 병정개미 두리번 - 생명 · 평화
누구나 걱정은 있잖아요 - 걱정 덜기
실수해도 뭐 어때? - 자존감 · 배려하기
달라서 빛나 - 평등
푸른 별 지구 꿈꾸는 우리 - 환경보호
학교의 요정 - 나를 믿는 마음

숫자 퍼즐로 수학의 흥미와 자신감을 높여주는

어린이 스도쿠

재미만점 두뇌개발 | 어린이 스도쿠 (초급중급 · 고급특급)
초등수학 만점왕 | 어린이 스도쿠 (초급 · 중급 · 고급)

우리 아이 집중력 향상

스티커 페인팅북

공룡 | 동화 | 반려동물 | 탈것 | 곤충 | 음식 | 가면